小樹文化
Little Trees

維吉爾・希利爾 Virgil Mores Hillyer ——著
王敏——譯

全彩插圖版
上

給中小學生的世界地理

美國最會說故事的校長爺爺，
帶你用旅行者的眼光發現世界。

A Child's Geography of the World

給中小學生的世界地理【上冊】
（全彩插圖・三版）

A Child's Geography of the World

作者：維吉爾・希利爾（Virgil Mores Hillyer）｜譯者：王敏

小樹文化股份有限公司
社長：張瑩瑩｜總編輯：蔡麗真｜副總編輯：謝怡文
責任編輯：謝怡文｜行銷企劃經理：林麗紅
行銷企劃：蔡逸萱、李映柔｜校對：魏秋綢
封面設計：周家瑤｜內文排版：洪素貞

讀書共和國出版集團
社長：郭重興｜發行人：曾大福
發行：遠足文化事業股份有限公司
地址：231 新北市新店區民權路 108-2 號 9 樓
電話：(02) 2218-1417 ｜傳真：(02) 8667-1065
客服專線：0800-221029 ｜電子信箱：service@bookrep.com.tw
郵撥帳號：19504465 遠足文化事業股份有限公司
團體訂購另有優惠，請洽業務部：(02) 2218-1417 分機 1124
特別聲明：有關本書中的言論內容，不代表本公司 / 出版集團之立場與意見，文責由作者自行承擔。

法律顧問：華洋法律事務所 蘇文生律師
出版日期：2014 年 1 月初版首刷
2018 年 2 月二版首刷
2023 年 3 月 29 日三版首刷

ISBN 978-626-7304-00-6（平裝）
ISBN 978-626-7304-03-7（EPUB）
ISBN 978-626-7304-02-0（PDF）

國家圖書館出版品預行編目資料

給中小學生的世界地理【上冊】；維吉爾・希利爾（Virgil Mores Hillyer）著；王敏 譯 -- 三版 -- 新北市：小樹文化股份有限公司 出版；遠足文化事業股份有限公司 發行；2023.03
面；公分
全彩插圖版
譯自：A child's geography of the world
ISBN 978-626-7304-00-6（上冊：平裝）
1. 世界地理 2. 通俗作品

716　　112002018

First Published in 1924 in English under the title *A Child's Geography of the World* By Virgil Mores Hillyer
Complex Chinese translation ©2023
by Little Trees Press

小樹文化
官網

小樹文化
讀者回函

獻給那位九歲小朋友，

他說：「真希望世界上多幾百個、幾千個國家，

讓你可以講更多故事。」

假設你能離開地球，去到遠遠的外太空，找個空無一物的角落坐下來，透過望遠鏡觀察我們的世界。

前言

用旅行者的眼光，發現世界的故事

（如果你的年齡不到15歲8個月03天的話，請略過這篇介紹）

這套書是為了這麼想的人而寫的：「以為天堂只在天上，地獄只在地下的人；從來沒有聽說過倫敦或巴黎的人；會把『丹麥人』誤以為是一種狗的人（因為丹麥人的英文Dane看起來像狗的名字）。」

這套書將用旅行者的眼光去發現世界，而不是用商業眼光看待；
告訴孩子：地平線之外，還有哪些國家、發生哪些事情；
告訴讀者：世界上不是只有七大奇蹟，還有更多更多的奇蹟。

當我還小的時候，住在美國的新英格蘭地區，那個時候，每到感恩節，都可以看到六種餡的甜餅：蘋果、桃、蔓越莓、奶油凍、碎肉和南瓜，但是我只能選兩種吃，而我從來都沒辦法做出滿意的選擇。當我在本書中要選擇地點或主題來

講述時，我遇到了同樣的難題。世界上有太多太多「非常重要」的地方得在第一部分提到，因此，下面這種情形很難避免：有些讀者會覺得奇怪，為什麼某個國家、某個地方被省略了，尤其是讀者就住在那裡時。

當我還小時，地理是一個與氣候、貿易、工業、製造業、各種各樣的特產聯繫在一起的討厭名字。世界上每個地方的主要特產，不是玉米、小麥、大麥、黑麥，就是黑麥、大麥、小麥、玉米，或者大麥、玉米、黑麥和小麥。在我的地理概念中，希臘是個特例，因為我以為那裡不產小麥、玉米、大麥和黑麥。地理成了以食物為概念的地理（因為只和吃有關），我把地理的重要性搞錯了。

這本書，其實是一本給孩子的環遊世界旅遊書

我喜歡地理書上的圖片和地圖，但討厭上面的文字。除了偶爾的一小段文字還有點可讀性之外，其餘的都枯燥無味；到處都是令人暈頭轉向的大標題、次標題、小標題：什麼家庭作業、註釋、學習地圖、給老師的建議、幫助、指導、問題、評論、疑問、練習、背誦、課程、圖片等等。

我在上學時，世界對我而言如同一個柳丁。學過的所有知識中，我只記得三件事：荷蘭兒童穿著木靴、愛斯基摩人住在冰塊蓋的房子裡、中國人用筷子吃飯。

就像背九九乘法表的口訣，地理課上也有一些問答題，老師捧著書本照著唸。老師問：「美國人的生活狀態怎樣啊？」一個口齒伶俐的十三歲男孩回答：「他們貧窮野蠻，住在破舊的小木屋裡。」對於這個令人震驚的回答，老師不動聲色地說：「不，這是接下來，愛斯基摩人過著什麼樣的生活這個問題的答案。」

當輪到我來教九歲小孩地理時，我發現手邊的書不是太商業化、世俗化，不然就是走到另一個極端：過於刻板或幼稚。統計和抽象概念大大超出了九歲兒童的理解力，而隨意地講述其他國家小孩的故事，對學習地理沒有幫助。

我是經驗老到的旅行者，到過世界很多國家，走過的距離加起來可以繞地球五圈，我應該寫本自己的地理書。

事實證明，我真的是太自負啦！當我對全班的學生講述旅行見聞的時候，完全是信手拈來，學生興致很高，聽得津津有味。於是我找了個速記員，逐字逐句將我的講課內容全都記了下來。但是當我在另一個班上看著這些紀錄照本宣科時，卻發現單純的講述內容還是太缺乏條理，不具備一本書應有的脈絡。因此，我必須不斷地去嘗試，因為孩子的反應是無法預測的。沒有人能輕而易舉地準確說出孩子的所思所想，也沒有人能一次就讓他們理解。事先假定他們應該知道或不知道某個名詞，都是徒勞的；聳人聽聞或恐怖的字詞，他們理解起來並不困難，但是一些更容易的單詞卻常常會產生誤解。

我在課堂上讀過一本寫給孩子看的出色旅行書，作者這樣寫道：「我們到了，又累又餓，找了家旅店安頓（英文是：find quarters）了下來。」孩子們還以為是旅行者在旅店裡撿了好多二十五美分的銅板！（在英文中，「find quarters」是安頓的意思，但是孩子把「quarter」理解成美元二十五分銅板。）

然後我向他們講述威尼斯的嘆息橋（bridge of sighs），並繪聲繪色地描述了被判處死刑的犯人過橋時的情形。隨後我問，有誰能告訴我它為什麼叫嘆息橋。一個男孩說道：「因為它的尺寸（size）很大。」一個小女孩對這個回答很不以為然，說道：「因為它有很多個側面（sides）。」一個來自義大利的男孩牽強附會地說：「可能是因為他們使用大鐮刀（scythes）。」第四個小孩說：「因為這座橋屬於一個名叫賽的（Cy's）男人。」（尺寸的英文 size、側面的英文 sides、大鐮刀的英文 scythes 以及英文名字「賽」的所有格 Cy's 都與 sighs 發音相同或相近，孩子才會有這麼多五花八門、令人啼笑皆非的解答。）

地理，其實就是對全世界的探索

研究地圖幾乎對所有小孩來說都是件有趣的事。一張地圖就如同一個迷宮，而碰上陌生的新地名，對孩子來說甚至比迷宮還複雜。不過，若是沒有名字和地點，地理根本就不是地理了，它只存在於童話中。因而研究地圖和地名非常重要，上地理時，牆上如果能掛張大地圖是最理想的。

對孩子來說，地理很大程度上就是一種探索。按照國家做出分門別類的剪貼簿，很容易就可以貼滿整整一大本。畢竟圖片、時事新聞、期刊和禮拜天報紙的剪報，以及旅遊局的宣傳頁，剪貼簿的可選材料太豐富了！很多圖片都是出版物上常見到的：印度的神廟、中國的寶塔、非洲的野獸、巴黎的公園。把這些圖片收集在一起，孩子都可以自己編地理雜誌了。除此以外，蒐集郵票也是充滿樂趣的事，對於到了一定年齡的男孩子來說，蒐集某種物品特別有趣，有些男孩甚至到長大後，還有這種嗜好。

讀過這本書，讓孩子往後的旅途，更加深刻

當然，學習地理的最佳方式是旅行，不過可不能學那些行色匆匆的商務人士。因為他們停留在一個城市的時間往往只有一小時，可能前腳剛到羅馬，後腳就得離開了。他們總是急急忙忙地登上一輛計程車，一邊看著手上的小紙條，一邊指揮司機說：「這裡只有兩個地方是我想看的，聖彼得大教堂和圓形大劇場。請用最快的速度載我到那兩個地方，然後把我送回車站。」接下來，司機將他們載到了聖彼得大教堂，然後我們的商務人士把腦袋伸出車外，迷惘地問司機說：「請問，這是大教堂還是大劇場？」

在我出生的那個小鎮上，有一個老頭兒相當出名，知道為什麼嗎？這個老人有名的主要原因居然是：他說自己一生中從未去過離家十六公里以外的地方。如今，旅行變得如此簡單，每個人孩提時就可能懷有將來出門旅遊的願望。這套書就是為所有心懷渴望的人準備的。希望能藉由簡略的提示，讓孩子了解世界上有哪些值得參觀的地方，這樣等到日後夢想成真的時候，就不至於讓旅行變得毫無意義。就好比某些愚蠢的航海員，他們的足跡遍布全世界，但是在最後回航的時刻，身上除了一隻鸚鵡和一串玻璃珠子外，竟然一無所有。

環遊世界的列車即將開啟，請各位乘客上車！

在我小的時候，保母曾經帶我去車站看火車。我看到一個戴藍帽子、穿著有銅扣子藍襯衫的男人拿著喇叭喊：「所有往巴爾地摩、費城、紐約方向的

乘客，請上車！」然後，他會揮舞手臂，示意火車可以開動了。保母告訴我說，這個男人是車掌先生。

所以每次一從車站回到家，我就會戴上帽子，然後學車掌先生那樣喊：「所有往巴爾地摩、費城、紐約方向的乘客，請上車！」一遍又一遍，翻來覆去，樂此不疲。到了最後，家人忍無可忍地對我說：「拜託，不要說了！」

然而，我還是悄悄地在心底祈禱：等我長大了，我要當一個車掌，頭戴藍帽子、身穿有銅扣子的藍襯衫。現在，雖然我已經長大了，我仍然要為大家當一回「車掌」，透過這本書帶大家去北美洲、南美洲、歐洲、亞洲、非洲——帶大家繞整個地球走一圈！

CONTENT

PART3

南美洲

PART4

西歐

PART5

南歐

PART6

中歐

地球

認識我們居住的這顆星球

我們的地球，就像一顆圓滾滾的雞蛋

你有沒有想過，我們居住的地球到底是什麼模樣呢？因為科學不斷的進步，我們利用了許多科學儀器，像是：望遠鏡、太空梭、衛星圖……來觀測地球，所以我們都知道，地球是「圓」的，就像一顆圓滾滾的球或雞蛋。

地球的內部就像一塊夾心蛋糕，一層一層的堆疊著不同的岩石與礦物，所以我們可以在地底下，很深很深的地方挖出金、銀、寶石，甚至是石油。

說這麼多，還是不了解你所居住的地球樣貌嗎？那就跟著美國最會說故事的校長爺爺，一起探索地球的故事吧！

地球小檔案

周長：40075 公里
直徑：12742 公里
人口數：約 74 億人
陸地：北美洲、南美洲、歐洲、亞洲、非洲、大洋洲、南極洲
海洋：北冰洋、太平洋、大西洋、印度洋、南冰洋

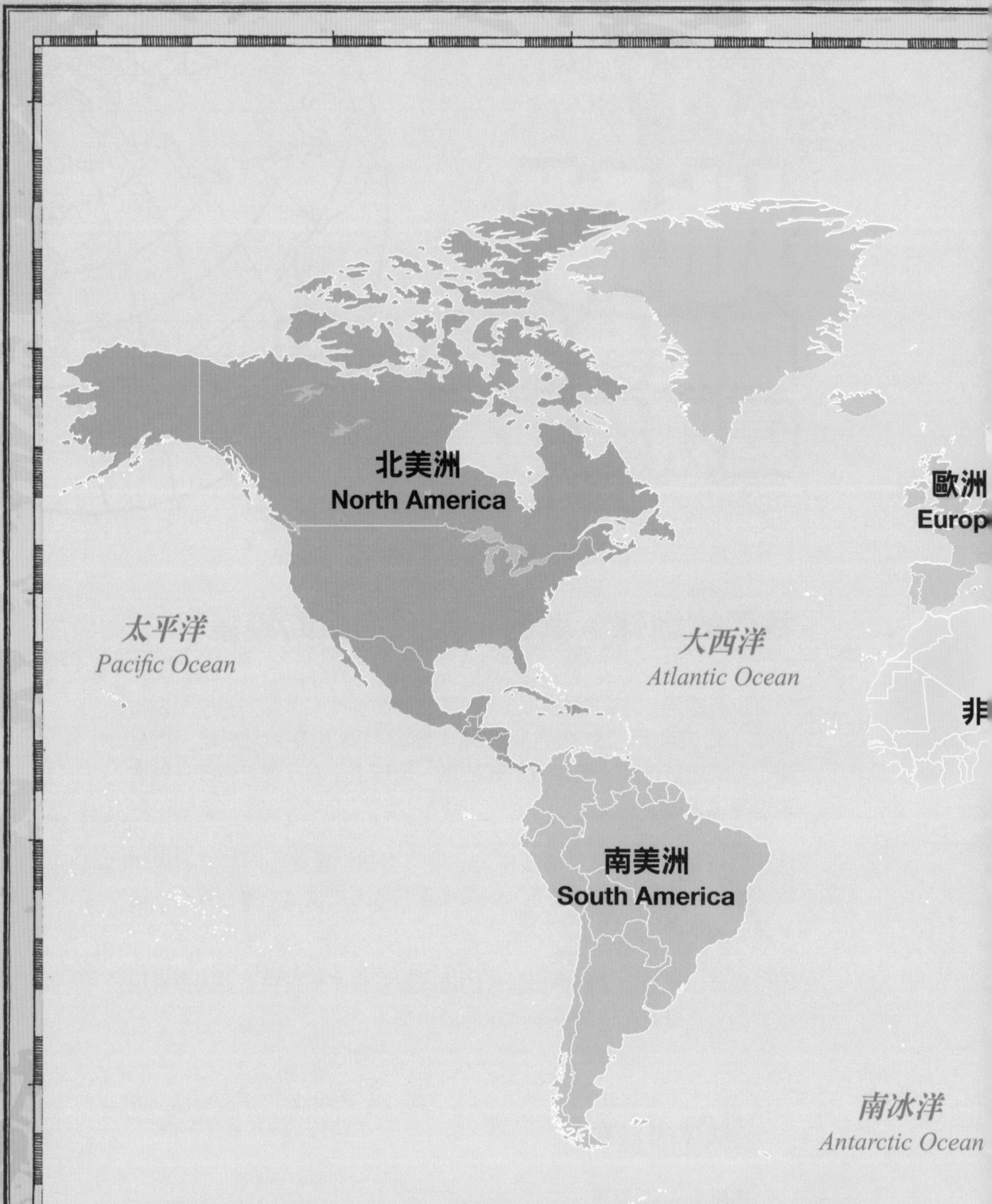

如果把圓圓的地球攤平，你可以看到地球上，有許多島，而這些島，就是我們所說的七大洲，分別為：北美洲、南美洲、歐洲、非洲、亞洲、大洋洲、南極洲；還有包圍著這些島的海洋：太平洋、大西洋、印度洋、北冰洋、南冰洋。

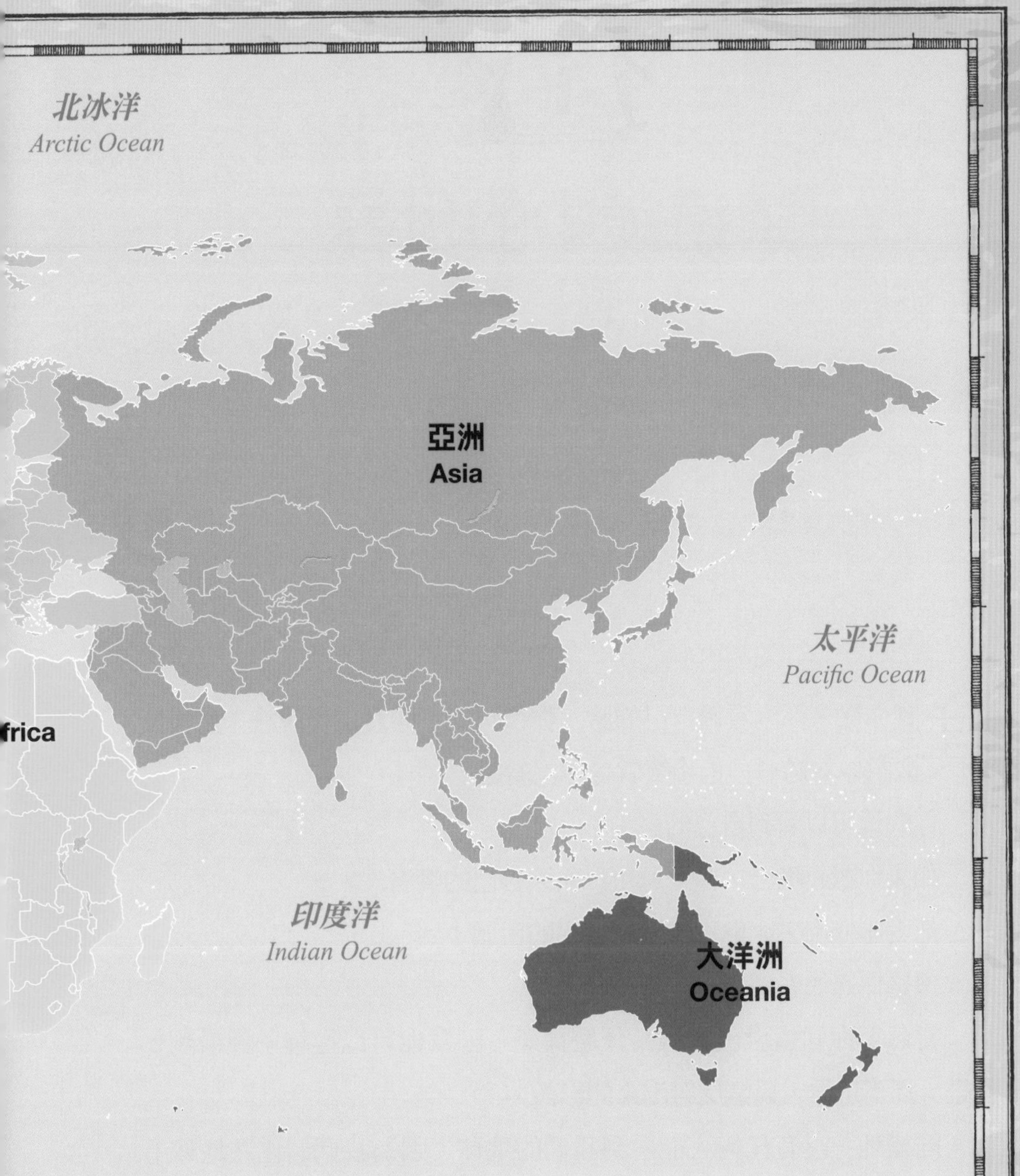
北冰洋
Arctic Ocean
亞洲
Asia
太平洋
Pacific Ocean
frica
印度洋
Indian Ocean
大洋洲
Oceania
南極洲
Antarctica

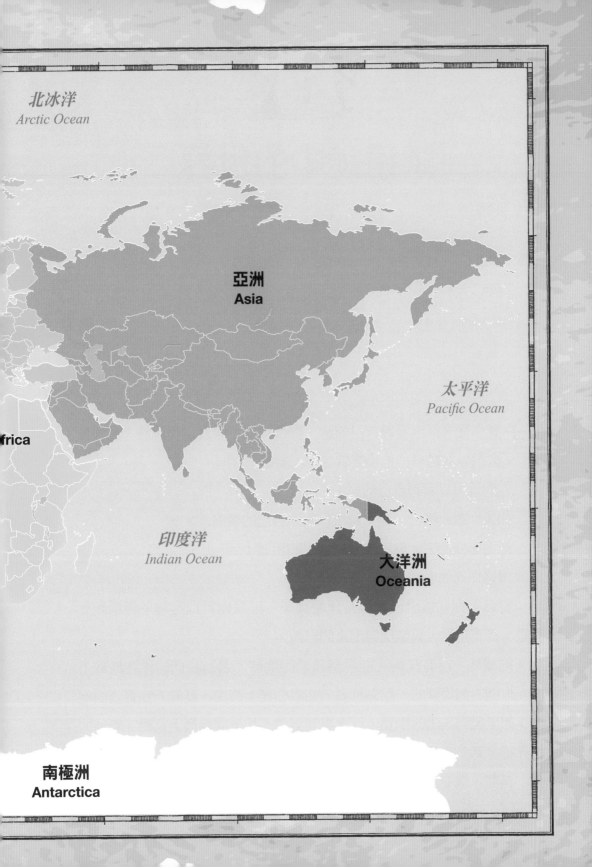

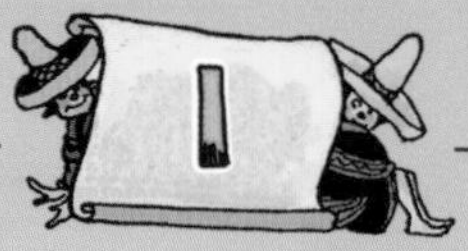

望遠鏡中的世界

太陽系中，八大行星由內向外數的第三顆行星就是我們居住的地球。
地球有30%為陸地，分為七大洲，分別是：
北美洲、南美洲、歐洲、亞洲、非洲、大洋洲與南極洲，
海洋則有五大洋：北冰洋、太平洋、大西洋、印度洋、南冰洋。

其實你從來都沒看過自己的臉。你很可能不同意這種說法，然後反駁說你看過——但事實就是你沒看過！

你的確可以看到自己的鼻尖；

如果你噘起嘴巴，甚至還可以看到自己的嘴唇；

把舌頭伸出來，你也能看到自己的舌頭；

但是你無法看到自己完整的臉。

當然，你知道自己的臉長什麼樣子，因為你可以從鏡子裡看到；但是，那不是你，只是反射出來的影像。

同樣地，沒有任何人能看到我們的地球，因為我們居住在地球上面。你能看到周圍的一點點世界。如果你爬上高樓，就能看到更遠的地方；如果爬到高山的山頂，你會看到更遠；如果從飛機上鳥瞰，看到的世界將會更多更多。

但是，若是你想看到整個世界，你必須站得更高，高過任何人到

過或能夠抵達的高度。你必須站得很高很高，高過雲端，到達遠遠的、星星待的地方。但是沒有人能做到，甚至在飛機上也不能。（編註：現在人類已經可以上月球了，從月球上可以看到整個地球的樣貌。）

而且，就像我們無法在鏡子中看見自己的臉一樣，我們無法從鏡子中看到整個世界。

那麼，我們是怎麼知道地球是什麼模樣的呢？

海裡的魚可能會告訴牠的小魚兒：「世界全部都是水，就像一個裝滿水的巨大木桶。我到處都去過，我知道就是如此。」當然，牠不知道別的東西。

沙漠中的駱駝可能會告訴牠的小駱駝：「世界全都是沙子，就像一個巨大的沙丘。我到處都去過，我知道就是如此。」

冰山裡的一頭北極熊可能會對牠的小白熊說：「世界全是冰和雪，就像一個巨大的冰櫃。我到處都去過，我知道就是如此。」

而森林裡的獅子可能會對牠的獅子寶寶說：「世界全是樹木，就像一片巨大的森林，我到處都去過，我知道就是如此。」

同樣地，以前的人類告訴他們的小孩：「世界就是一座巨大的島嶼，就好像一個超大

假設你能離開地球，去到遠遠的外太空，找個空無一物的角落坐下來，透過望遠鏡觀察我們的世界。

的餡餅，上面有水、有沙子、有冰雪，還有樹木，頭頂上蓋著一個叫天空的東西。我們到處都去過了，我們知道就是如此。」

當一些喜歡追根究柢的小孩問：「像餡餅一樣的世界下面又是什麼呢？」大人會認真地回答：「下面有四頭大象。」

當小孩接著追問：「那大象站在哪裡呢？」大人則會認真地回答道：「站在烏龜的背上。」

然後當小孩繼續打破砂鍋問到底：「那烏龜在哪兒呢？」這個問題，就沒有人能夠回答了，因為沒有誰能再猜下去。烏龜孤零零地杵在那兒，下面什麼東西都沒有。

這是很久以前的父母告訴他們的小孩「世界是什麼」的古老故事。想想看，假設你能走到很遠的地方，走到白雲的上面，高高地懸在空中，坐在虛無天涯的角落位置，晃著腳俯瞰下面那個遠遠的世界，你覺得它會像什麼呢？我知道喔——儘管我從來沒從那兒看過。

從遠遠的空中觀察世界，地球看起來就像一輪滿月，圓圓的，白白的；不是盤子的那種圓，是一個大雪球那種圓。實際上，它不僅是白色的，還會發亮，因為太陽光照射在地球上，讓它變亮了，就好像晚上汽車的大燈照在路上讓路面變亮一樣。當然，太陽光一次只能照亮這個大球的一面，另一面則是黑的。不過地球繞著太陽不停地轉，會輪到另一面被太陽光照射的。

如果我們透過望遠鏡看地球——你知道望遠鏡是什麼吧？它是一種能讓東西看起來更近更大的儀器——就像人類從地球觀看月球一樣，你會看到地球的一面有兩個大大的補丁，看起來像奇形怪狀的影子；另一面也有這種怪影，範圍是這一面的兩倍大，分為四塊。這些像影子一樣的補丁其實是島嶼，它們有一個名字：大陸。這些陸地都有名字，如果這些名字用一千六百公里高的字母寫在上面（當然不可能），以便能用望遠鏡看到的話，我們可以在地球的一面讀到：北美洲（North America）；南美洲（South America）。

如果我們像在看地球演電影那樣一直等到地球轉過來，轉為另一面被太陽光照到，將會讀到：歐洲（Europe），亞洲（Asia），還有一塊是非洲（Africa），而最小的那塊大陸有著最長的名字：澳大利亞（Australia），在最底下的那塊則是南極洲（Antarctica）。

我們通常將錢幣的一面稱為「正面」，因為通常這一面有人物的頭像，而將另一面稱為「背面」，因為它和正面相對。如果我們也這樣區分地球的兩面會比較簡單，但是地球沒有所謂的正背面，所以我們用兩個別的詞來代替：一面為「西半球」，另一面為「東半球」。為什麼不能叫得簡單點？好的，那我們叫它「半球」吧。西半球有兩塊大陸，東半球有四塊。

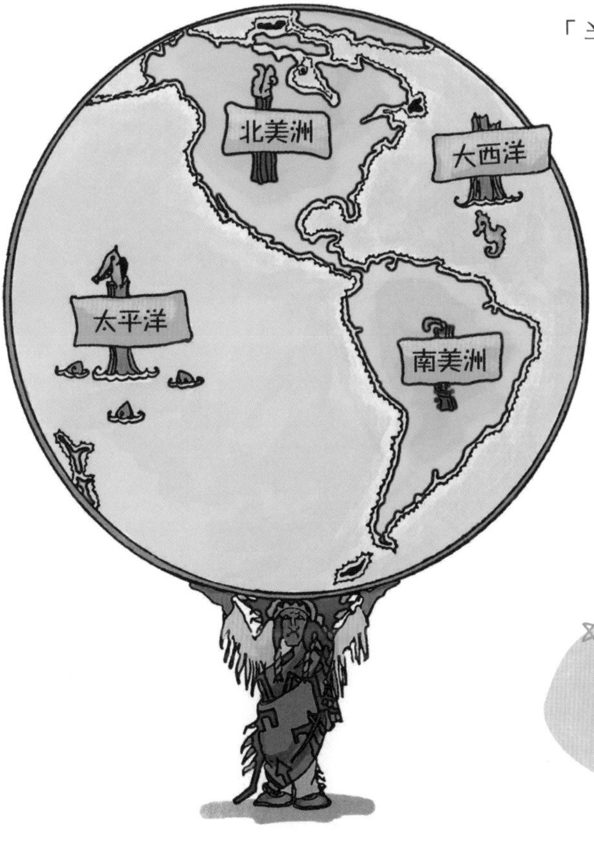

地球最頂端和最底下叫做「極」（pole），儘管那裡沒有柱子（編註：在英文中，pole 有極的意思，也指柱子、杆、竿和棒）。頂端和底下全是銀白色的雪和水，極地

在西半球上，我們可以看到陸地有：北美洲、南美洲；海洋則有：太平洋、大西洋。

非常寒冷，常年被冰雪所覆蓋。

地球上除了打補丁一樣的陰影和雪以外的地方都是水，圍繞著大陸的水稱為「洋」。儘管沒有牆壁，也沒有籬笆將地球上的水區分開來，不同的部分還是有不同的名字。

你能區分自己的左手和右手嗎？如果你滿六歲了，一定能分辨。但你能區分東方和西方嗎？如果你九歲了，應該做得到。東方是太陽升起的地方，而太陽落下的地方則是西方。如果你的右手那邊是東，你的左手那邊就是西，你的臉對著的方向就是北，背對的方向就是南。

在東半球上，我們可以看到陸地有：歐洲、亞洲、非洲、大洋洲；海洋則是：大西洋、印度洋、太平洋。

太平洋在北美洲和南美洲的西邊，美洲的東邊是大西洋；海岸線沒有逾越東半球的大洋叫做印度洋，注意了，它可不是以美國的「印地安人」命名的（印度洋與印地安人的英文都是 Indian）。地球的最頂端是北冰洋，最下方將南極圍在中間的叫南冰洋。南極和南冰洋大部分是冰，那裡實在太冷了，以至於水全都結成了冰。如果我們想標上這些大洋的名字以便讓在空中的人看見，就必須把巨大的字母標誌插進水裡，因為我們無法在水面上書寫。

為什麼我向大家介紹地球時，把北美洲放在上面？其實沒有什麼理由。我要是把它放在下面或者顛倒過來，也完全說得通，因為地球並沒有什麼上面下面之分。我猜想，北邊常常被放在上方，不過就是因為製作地圖和地球儀的人大多是生活在北半球的，他們希望把自己住的地方放在上方。

這就是我們的地球。你或許會問：「除了地球之外，還會有別的地球嗎？」有些人猜是有的，說不定夜晚一閃一閃像在眨著眼睛的星星上可能會有人居住。但是沒有人真正知道，即使是最厲害的望遠鏡，也無法讓我們看到遙遠星球上的東西，因此，我們只能猜測。

! 校長爺爺小叮嚀

1. 透過望遠鏡來看，地球彷彿有著好幾塊巨大補丁，這些補丁其實是島嶼，也就是：大陸。
2. 太陽升起的地方就是東方，太陽落下的地方就是西方。
3. 太平洋在美洲的西邊，美洲的東邊則是大西洋；海岸線沒有超過東半球的就是印度洋。

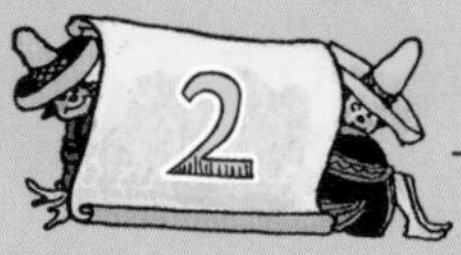

地球就像一顆圓圓胖胖的雞蛋

幾億年以前，地球曾經是個火球，沒有空氣，也沒有海洋。
直到38億年前，地球開始冷卻、溫度也開始下降，
並且下了近上百年的大雨，這些雨水匯集，就是我們現在看到的海洋。

你曾經離家出走嗎？

我有過，很久以前，在我比你更小的時候。

因為我想去看地球。

有一天，媽媽告訴我，地球是個巨大的球，如果我一直沿著鼻子方向筆直地向前走，我會繞這顆大球一圈，回到原來出發的地方。

因而，某天早上，在沒有告訴任何人的情況下，我出發了，出發去環繞地球。

但是，我沒走多遠天就黑了，後來有一名高高的、和善的警察伯伯把我送回家。

我長大後，在還沒成家之前，我又一次出發去環繞地球。這一次旅程，我乘坐火車，朝著太陽下山的方向前進。天黑了，這次沒有和善的警察伯伯送我回家。因此我繼續走，一天接著一天，一週接著一週，

一個月接著一個月。有時搭火車，有時搭輪船，有時坐汽車，有時則坐在動物的背上，一直向著太陽下山的方向前行。地球上，太陽下山的方向，就是「西方」。

我經過寬廣的田地和濃密的森林、穿過小鎮和大都市；我走過橋樑、繞過高山、穿過山洞；我到達大洋，乘坐一艘大船渡海來到另一塊陸地。我來到一塊陌生的土地，那裡的人穿著奇怪的衣服，住在奇形怪狀的房子裡，用我完全聽不懂的語言交談；我看到奇怪的小動物、樹木和花朵；然後我再越過另一個大洋……最後，在許多許多個月之後，我回到了原來出發的地方。所以，我確實知道世界是圓的，因為我環繞過它。但它不是像網球那樣圓滾滾的，而是像個扁扁、胖胖的雞蛋。它實在太龐大，才會看不出它像一個球。

環繞地球一周差不多花了我半年的時間。這是很長的一段時間，不過路程確實很遠，超過四萬公里。有些人環繞地球一圈所花的時間更短：德國的齊柏林伯爵號航空母艦繞地球一周，只需三個星期；有兩個飛行員從紐約出發，繞地球飛一圈回到起點，花不到九天；美國空軍的戰鬥機只需要一天的連續飛行，就能繞地球一周。

我朝著太陽下山的方向前進，環繞地球一周，最後回到原地，知道了地球是圓的。

一個人如果在早上太陽升起時出發，一直跟著太陽走，當太陽下山時走完地球的一面，然後再跟隨太陽走完地球的另一面，他會在第二天早上回到出發的地方。那麼，他是在一天時間內繞地球一周。不過要做到這一點，他必須在二十四小時內以每小時一千六百公里的速度不停地奔跑，才能趕得上太陽。

你可能知道，圍繞在地球外部的是大氣層，它包住地球上的所有物體，如同大海裡的水將海裡的所有東西包裹住一樣。你可能還不知道，大氣層只是包裹住了地球，但並沒有緊緊填滿整個天空。人和動物生活在大氣中，如同魚生活在大海的水裡。如果有個巨人將大氣整個拿走，人類就會死掉，就像把魚從水中撈出來，牠很快就會死亡一樣。

離地面越近，大氣越厚，離地面越遠，就越稀薄。這就是為什麼飛機只在幾公里高的高度飛行的原因；再高的話就沒有足夠的空氣了。而飛機必須依靠空氣來推動螺旋槳，就像船需要水推動槳才能前進。如果是噴氣式飛機的話，必須有空氣提供動力。沒有大氣層，飛機就無法起飛；沒有水，汽船就無法航行。

只有一種東西能在大氣層之外飛行，那就是火箭，它不需要空氣提供動力。你想乘坐火箭探索沒有空氣、空空蕩蕩的外太空嗎？你想登上月球嗎？在月球上你找不到任何有生命的東西，月球是個死氣沉沉、沒有任何生命也沒有空氣的球體。不過，如果你的火箭能到別的星球，有可能會發現一些活的植物，說不定還可

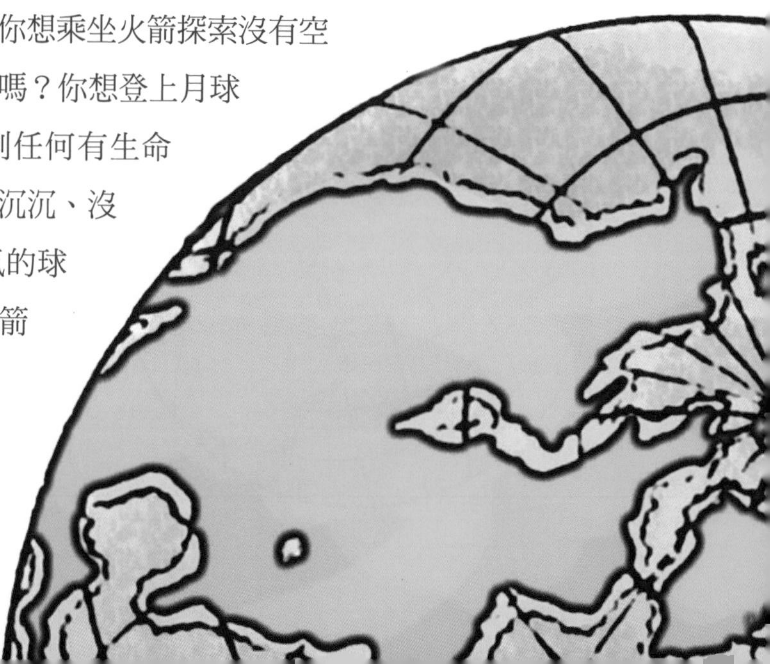

能發現一些活的動物呢！

有些高山是如此的高，高到山頂幾乎突出大氣層之外，山頂上的空氣非常稀薄，人類必須攜帶氧氣筒，才能登上山頂。

你無法看到空氣。也許你覺得可以，但是你看到的實際上是煙或雲，不是真正的空氣。空氣流動時，會產生風，當風吹走你的帽子時，你能感覺到有風；當風把窗戶吹得碰碰作響，或是在屋外呼嘯時，你能聽見風。但是沒有人能看到空氣。

地球並不是從以前就是現在這個樣子，它曾經是個火球，是個巨大的燃燒著的火球。那是億萬年以前的事，當然，那時的地球上沒有任何人、動物或植物。後來，火球慢慢冷卻直到不再燃燒，成為炙熱的岩石。那時候，地球上沒有大洋、沒有水，因為水無法在任何滾燙的東西上停留。水無法停留在火爐上，水遇熱就化為蒸氣。因此，那時只有蒸氣團，圍繞在地球上面。地球繼續冷卻，直到蒸氣團凝結成水，降落到地球上，就會開始不停地下雨，直到降下的雨形成巨大的大海覆蓋在整個地球上。

地球仍然不斷在冷卻，冷卻後開始收縮、枯萎、變皺，就像一顆梅子的表皮，你知道酸梅本來是光滑的、圓潤的，曬乾後表皮才皺了起來。這些皺褶被抬高，露出海面，就成為大陸的山脈。這些皺褶可真是巨大！

地球現在仍然在收縮，收縮時會伴隨震動和搖晃，就是我們說的地震。不過，和當初陸地從海洋升出來時的劇烈程度比起來，今天的地震就是小巫見大巫了。伴隨那番巨變而來的，是雷鳴般的巨響，驚人的隆隆聲響震徹宇宙，傳到各大星球。我們的

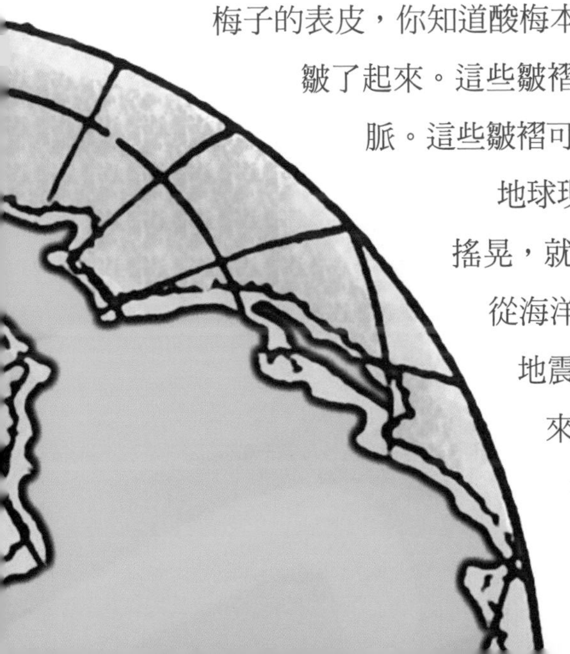

地球在爆炸、在斷折、在裂開、在呻吟，彷彿世界末日已經來臨。這些都是猜測。陸地從海底升出來的過程也有可能是柔和的、緩慢的、悄然無聲的，就像青草從地裡冒出來一樣。但沒有人知道事實到底是什麼。

地球曾經是一顆燃燒著的巨大火球，後來地球冷卻下來，開始不停地下雨，海洋形成，地球繼續冷卻，表皮變得皺巴巴的，接著皺褶被抬高露出海面，變成了陸地和山脈。

我們能確定的只是大陸確實是從水裡冒出來的，因為我們會在高山頂上發現貝殼，而我們很清楚這些東西的來源，它們只可能是當山脈還在海底時形成的。

！校長爺爺小叮嚀

1. 地球是圓的，它不像網球這樣圓滾滾，而是像個扁扁的、胖胖的雞蛋，但是地球太大了，我們才會看不出它是圓形的。
2. 如果一個人想在一天內繞地球一周，他必須在二十四小時內，以每小時一千六百公里的速度不停奔跑。
3. 圍繞地球外面的是大氣層，它包住了地球上的所有東西，就像大海包住了海裡的所有東西。

我們的地底下到底是什麼模樣呢？

我們所站的地球表面下，其實是由一層又一層的地層所組成。
這些地層可能是礦物、寶石、石油，也可能是單純的岩石與沙。
地心則是炎熱的岩漿，偶爾，會因為地殼變動而從火山口噴發而出，
就像煙囪一樣。

當我還是個小小孩時，好奇心相當旺盛。至少，我的保母就是這樣認為的。

有一天，我和她在城市大街的人行道上散步，我問她：

「珍妮，人行道下面是什麼啊？」

「噢，是泥土。」她回答。

「那泥土下面又是什麼呢？」

「噢，就是更多的泥土。」她回答。

「那更下面是什麼呢？」我再發問，因為我對她的回答不滿意。

「噢，什麼都沒有。我不知道啦！為什麼你這麼好奇呢？」她說。

我知道一定有什麼東西在地底下，我就是想知道裡面是什麼。我的確很好奇。

我聽人說過，壞小孩死後會到地底下，可能是一個像大山洞的地

方。我想知道是不是真的。

我還聽說，地球的另一端住著中國人，他們頭朝下像蒼蠅一樣在天花板上行走。我想知道這是不是真的。因此，我決定挖穿地球去看個究竟。我只要不停地挖呀挖呀，挖到了地球的另一面，答案自然就揭曉了。

我拿著一支小鐵鍬，朝著地球的另一面開挖了。

你要知道，我那時還是一個很小很小的小孩，會這麼想是很正常的。於是我拿了一支小鐵鍬，在我家後院的葡萄架後面，自己動手挖了起來，因為我想對大家保密。我一天一天進行這個祕密工程，剛開始挖到的是鬆軟的泥土，這很容易，然後就碰到堅硬的土地，這就很困難了。我挖了一個深度到自己腰部的坑。

一天晚上，爸爸問我：「院子裡的那個坑是做什麼用的？」

我的祕密被揭開了，當我告訴他我的計畫時，他沒有嘲笑我，至少沒有笑出聲來，但是，他問我知不知道我必須挖多深。

「你能挖出像華盛頓紀念碑那麼深的洞嗎？」他問我。（編註：華盛頓紀念碑有一百六十九公尺，約五十六層樓高。）

我想也許我能，但是心裡有點懷疑，因為華盛頓紀念碑實在是太高了。

「人類能挖出比華盛頓紀念碑深好多倍的井，」爸爸告訴我，「但是這離挖穿地球還差得太遠太遠。即使是想到達地球的中心，也得挖比華盛頓紀念碑高幾千倍的深度。從地球的一端經過地心直直達到另一端，大約有一萬兩千多公里，途中你遇到的大部分都是岩石，好多好多的堅硬岩石。」

「既然從來沒有人挖穿過地球，你怎麼知道它有一萬兩千多公里呢？」好奇的小孩問道。

我記不清楚父親的回答了，那時我年紀太小，沒有辦法理解。現在換我來告訴你，為什麼我們不用穿過地球就能知道它的直徑有多長，看看你能不能聽懂：

有一個非常有趣的現象：每一個球，不論它是小球還是中等尺寸的球，或是很大的球，最大的一圈約是球直徑的三倍多一點。對此，我常常覺得很奇怪，為什麼剛好是三倍多一點，而不是四倍、五倍呢？如果你不信的話，可以自己試一下，拿一個蘋果或橘子量一下它的周長，然後切開來量一下它的直徑，看看是不是這樣。

現在，我們知道地球是一個球，巨大的球，既然它是個球，就像所有的球一樣，周長是直徑的三倍多一點。有人實際測量過繞地球一周約四萬公里，因此我們能計算出地球的直徑應該是一萬兩千多公里左右，因為一萬兩千多公里的三倍多就是四萬公里。這就不是地理學了，它應該屬於數學的範疇。如果你想用正規的地理名詞來代替「繞一整圈」和「穿過地心」，你必須說「周長」和「直徑」——兩種意思是一樣的：**地球的周長約四萬公里，直徑是一萬兩千多公里。**

地球的表面是一圈岩石，就像烤地瓜外面燒焦的一層皮。地殼最大的特點是分層，一層疊著一層，像多層夾心蛋糕裡分成好幾層一樣，只不過這裡的層，是由沙子或者煤、小石子組成。如果你能像切蘋果一樣把地球切成兩半，它就會像右頁圖中描繪的一樣。這種圖我們稱為剖面圖。

有些岩層之間有煤，就像多層夾心蛋糕中的果醬或餡料，另外一

些岩層中則有金、銀、鑽石和寶石，還有些地方會有油田。這就是為什麼人們會向下挖井，在岩石層中找石油、礦產的原因。

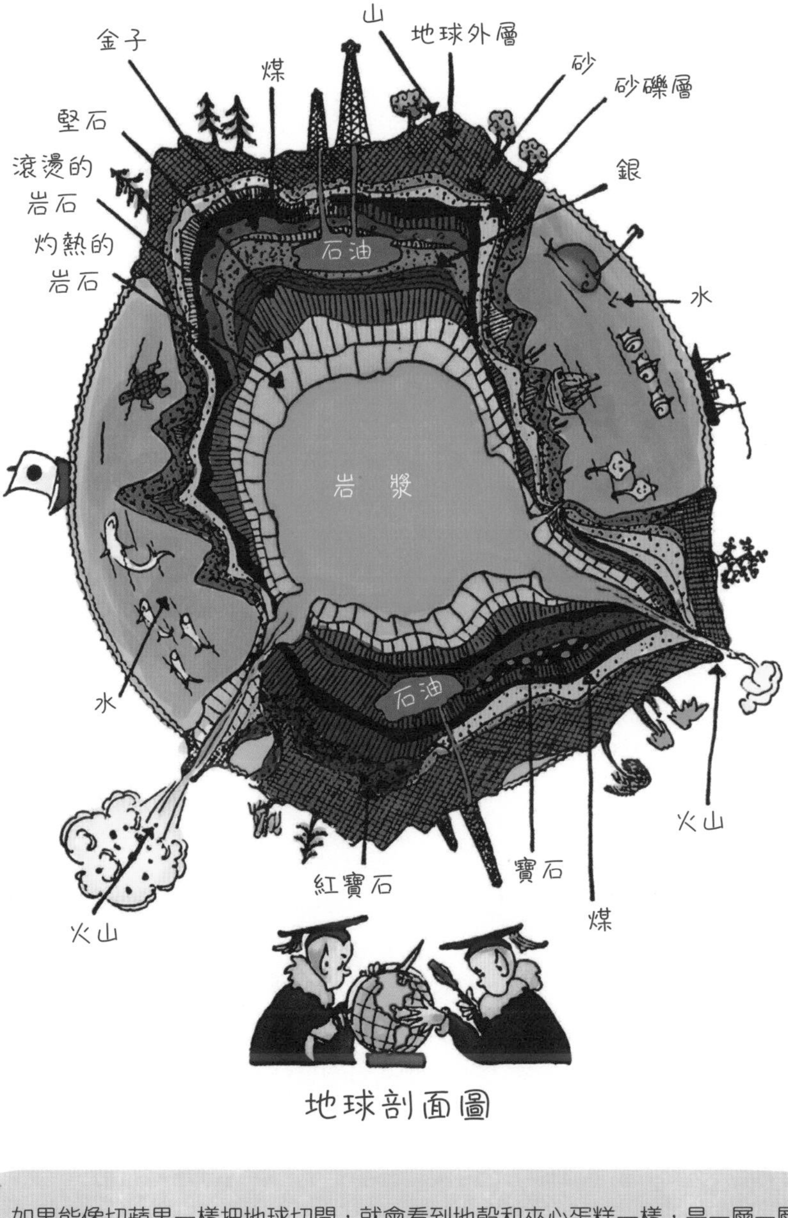

地球剖面圖

如果能像切蘋果一樣把地球切開，就會看到地殼和夾心蛋糕一樣，是一層一層的。

岩石層再往下，就沒有分層了，只有堅硬的石頭。再往下，溫度越來越高。地球的這部分從來沒有冷卻過，這裡的岩石不再堅硬，而是處於熔化的狀態。

無論什麼時候，你只要看到煙囪，就知道下面一定有爐子；只要看到煙囪頂部冒煙時，就知道爐子一定有火正在燃燒。**地球上的許多地方也會有煙和火從地底冒出來，就像煙囪一樣，這些地方稱為火山。**

想想看，為什麼地球會由岩石組成，而不是銅、玻璃或陶瓷呢？為什麼地球形狀像球，而不是盒子、線團或者一隻舊鞋呢？

！校長爺爺小叮嚀

1. 地球的周長約四萬公里，直徑約一萬兩千多公里。
2. 地球就像一個夾心蛋糕，有些岩層有煤礦，有些岩層有金、銀、鑽石和寶石，有些岩層則有石油。
3. 地球上有許多火山，會冒出煙和火，就像煙囪一樣。

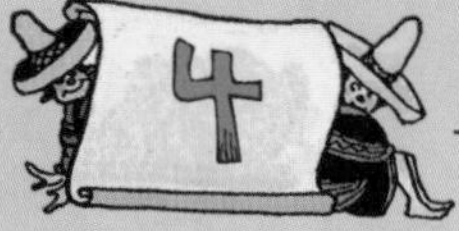

全世界的人排成一列，就會出現一條無止境的隊伍

地球上，每一分鐘就有兩百多個嬰兒誕生，
截至目前，整個地球已經有超過七十億的人口，
且仍然不斷不斷地增加當中。其中，地球人口數最多的國家正是中國，
有超過十三億人口；其次則是印度。

你看過很長很長的遊行隊伍嗎？我見過一次士兵遊行，他們整整走了一天。不斷地前進，一小時接著一小時，一整天都在走。那次遊行有十幾萬人參加，我一生中再也沒見過這麼多人的遊行了。 那個場面看起來真的很不可思議，讓人懷疑地球上怎麼會有那麼多人。但是，如果要地球上所有的人都一個接一個地排成長長的佇列隊通過的話，那就不止要花上一天，而是要用一輩子的時間了，因為地球人口已經超過七十億了！

每一分鐘有兩百多個嬰兒誕生，當你在讀這本書時，就有許多新生命來到世上。就算鐘錶每滴答一聲就有人死去，但是每天出生的人多於去世的人，因此，地球上的人就變得越來越多。

地球上所有人的身高和形態都差不多，那些像拇指一樣迷你的小人或者像教堂一樣大的巨人只有在童話中才會出現。沒有人會在長胳膊

想像一下，全世界的人一個接一個列隊走過——那會是一場沒完沒了的遊行。

的地方長出翅膀來，或是長腳的地方長出輪子來。每個人都有一個腦袋、一個鼻子、一張嘴，都有兩隻耳朵、兩隻眼睛、兩隻手、兩隻腳。不過，在這七十億人中間，沒有兩個完全一樣的人，即使雙胞胎也不會長得一模一樣。

人與人之間最大的不同在於膚色。七十億人中有一部分是白人，也有許多黑人，更多的是介於黑人與白人之間的黃種人。我們通常以不同的膚色來區分「種族」。每個種族以前在地球上都有自己居住的地方，不過，許多人也會遷移到別的地方去。可能我們居住的地方以白人居多，但也有很多黑人和黃種人。（編註：當時，維吉爾・希利爾爺爺居住在美國，當地居民大多為白人。）

想像一下你生下來就是個黑人，
想像一下你生下來就是黃種人或紅種人，
想像一下生在非洲、亞洲或澳洲，
想像一下生育你的不是現在的父母，
想像一下你出生的地方不是現在的地球，
想像一下你從未出生過。
那麼你現在會在哪兒呢？

人類都生活在地球的六大洲上（編註：南極洲實在太冷了，沒有任何人居住在那邊，因此南極洲只有企鵝與科學家的研究基地），每個洲都有好多個國家。一個國家，意味著是由同一個統治者治理的國土，裡面包含了城市、城鎮、鄉村。地球上一共有兩百多個國家和地區，有的國家很小，整個國家只有幾千人；有的國家很大，有十幾億的人口。美國有三億多人口，不過還有幾個國家的人口更多。地球另一面的中國人口最多，是美國的四倍多；另一個國家印度，人口數量排名第二多。這兩個國家都在亞洲，亞洲是地球上最大的洲，名字卻最短（編註：亞洲的英文為Asia，在所有大洲名字中，英文字母最少），人口最多。

每個國家都有一個統治者，就像每個家庭都有一個大家長或者每支足球隊都有一個隊長。有的國家的統治者是國王，有的則是總統，大多數國家的統治者除了國王和總統，還另有其人。

國王會成為國王，是因為他的父親是國王，以後他的兒子也會繼承父業成為國王；總統會成為總統，是因為他是由國家的人民投票選出來的，就像足球隊的隊長是由隊員選出來的一樣。國王一輩子都是國王，但總統的任期只有幾年。

有國王的國家稱為王國。如果一個人統治了好幾個國家，就稱為皇帝，這些國家合稱為帝國。有總統的國家稱為共和國，美國就是一個共和國。國王或總統加上與他們一起統治國家的人稱為政府。政府制定出規則，並負責做兩件不允許私人做的事：發行貨幣和郵票。某個國家的錢幣並不會比別的國家好，郵票也是如此。語言通常也是這樣，沒有優劣之分。

地球上的人說著許多不同的語言。甚至在同一個國家裡面，語言差別也很大。全世界一共有超過六千種語言——六千種！想想都覺得好驚人！你可能只會說其中的一種，這樣的話，你就無法與說其他語言的人交談，也無法理解別人。在美國，幾乎所有的人都說英語，說也奇怪，英語本來是英國的語言。你若是去歐洲大陸旅遊，只要在外面逛上一天，就會在大街上、商店或飯店中聽到幾種不同的語言。

我恰好出生在美國，周圍所有的人都說英語，我學的也是英語。如果我生在亞洲，是個黃種人，可能就是說中文了；或者如果我生在非洲，是個黑人小孩，則可能說一種連名字都叫不出來的語言。

我認識一個人，他能說十二種不同的語言，聽說有人能說一百種不同語言！當你知道，要學會說另一種語言通常需要花上幾年功夫時，你就會覺得這個人實在太厲害了。許多語言的字母都和英語一樣，我們稱這些語言為拉丁語系，因為很早以前是拉丁語族的人最先使用它。但是漢語、日語以及其他的一些語言則不同，它們長得可能會像右圖這樣。

漢語可能會長得像這樣。

！校長爺爺小叮嚀

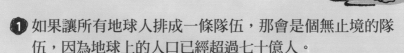

1. 如果讓所有地球人排成一條隊伍，那會是個無止境的隊伍，因為地球上的人口已經超過七十億人。
2. 世界上，人口最多的國家是中國，人口第二多的國家是印度。
3. 有國王的國家稱為「王國」，有總統的國家稱為「共和國」；國王或總統加上一起統治國家的人，就稱為「政府」。

動動腦，想想看！

看了這麼多有趣的地球故事，讓我們看看你知不知道這些問題的答案吧！

Q1 太陽是從哪邊升起，哪邊落下呢？

Q2 如果一個人想在一天內環遊地球一周，需要跑多快才能做到呢？

Q3 你知道地球的周長有多長嗎？直徑又是多少呢？

Q4 哪個國家人口數最多呢？

檢查看看，你答對了嗎？

A1 東邊升起，西邊落下。

A2 必須以每小時一千六百公里的速度不停奔跑。

A3 地球的周長有四萬公里，直徑有一萬兩千多公里。

A4 中國。

這些問題你都答對了嗎？

答對了，請繼續跟著校長爺爺，一起探索北美洲的故事吧！

答錯了別灰心，翻回前面，讓校長爺爺重新告訴你世界的故事！

北美洲

歐洲人的新大陸

廣義的北美洲包含狹義北美洲（美國、加拿大）與中美洲地區（墨西哥、巴拿馬……），其中，土地最大的地方就是我們熟知的美國。一開始，美洲的居民是印地安人，直到歐洲人發現美洲這塊新大陸後，才有了白人，接著加入了黑人、黃種人……

北美洲是世界第三大洲，從鄰近赤道的地方，延伸到北極圈，所以各地氣候差異相當大。

北美洲小檔案

總面積：2400 萬平方公里
人口數：5 億多人
主要國家：美國、加拿大、墨西哥、巴拿馬、西印度群島

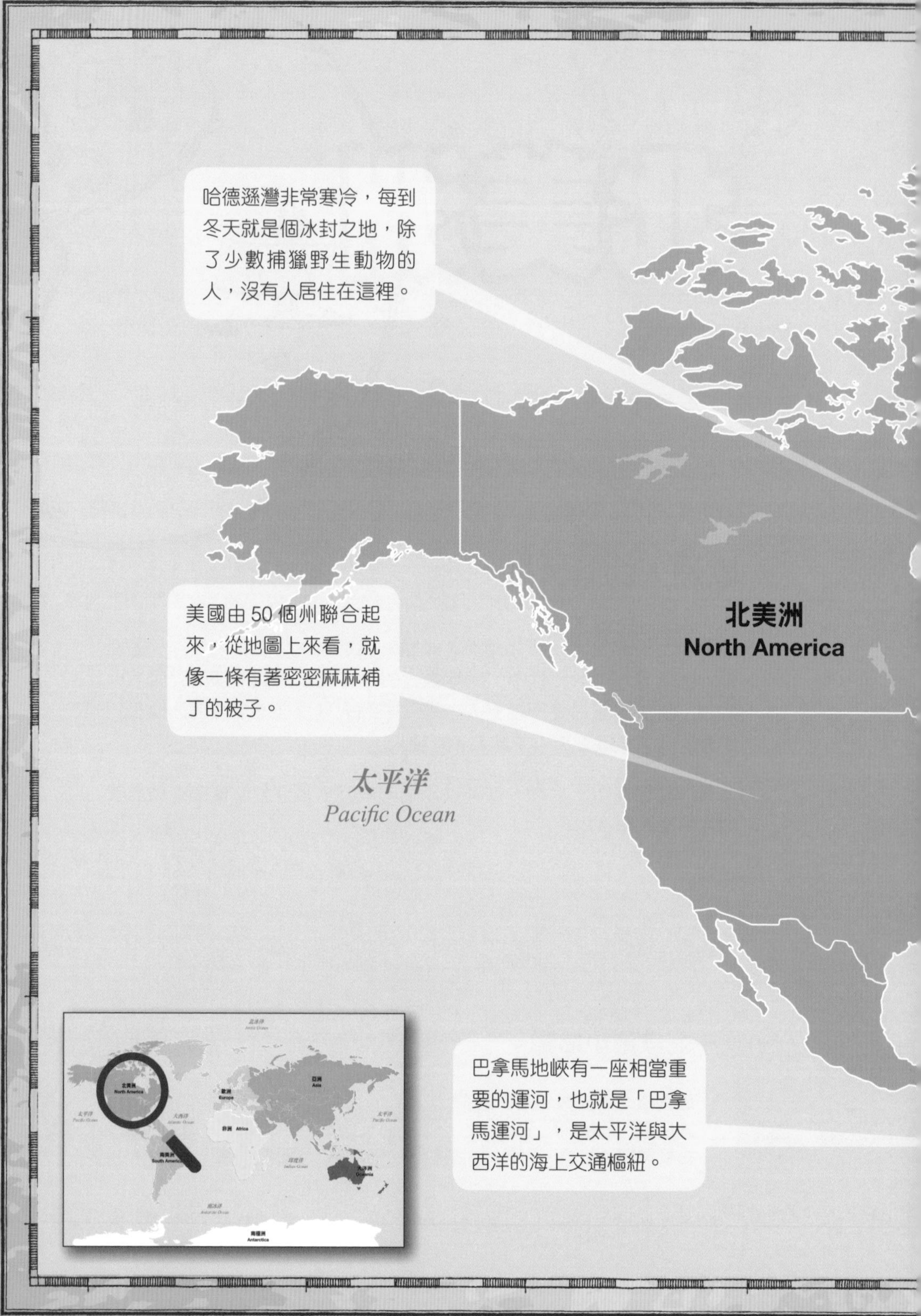

哈德遜灣非常寒冷，每到冬天就是個冰封之地，除了少數捕獵野生動物的人，沒有人居住在這裡。

美國由 50 個州聯合起來，從地圖上來看，就像一條有著密密麻麻補丁的被子。

巴拿馬地峽有一座相當重要的運河，也就是「巴拿馬運河」，是太平洋與大西洋的海上交通樞紐。

北冰洋
Arctic Ocean
加拿大魁北克市，說法語的人比說英語的人多。
歐洲
Europe
大西洋
Atlantic Ocean
墨西哥灣附近炎熱潮濕，不利於身體健康，因此居民不多，但是這裡盛產石油。
非洲
Africa
南美洲
South America

美國

一條有著密密麻麻補丁的被子

美國小檔案

英文名稱：United States of America
總面積：983萬平方公里
人口數：3億2千多萬人
首都：華盛頓特區
最大城市：紐約
貨幣：美金
語言：英語
主要農產：小麥、玉米

要想讓一座醫院、圖書館或者博物館以自己的名字命名，可能得捐出百萬美元，但是，有一個人卻什麼錢都沒花，什麼事都沒做，沒有貢獻什麼，甚至沒有提出要求，卻讓世界上兩個最大的地區——北美和南美兩塊大陸，以他的名字命名，而且我們會永遠這樣叫下去。這個極為平常、幾乎不為人知的人叫「亞美利堅」（Amerigo）。

你口袋裡有一枚水牛圖案的美元硬幣嗎，五分錢的那種（編註：1913到1938年製造）？如果沒有，你可以去借一枚來瞧瞧。這枚硬幣的正面是一個人像，你可以從他的頭髮樣式看出這是一個印地安人。你知道為什麼在硬幣上畫的是印地安人，不是白人嗎？硬幣的反面是一頭水牛的畫像，你想想，為什麼不是馬或乳牛？

原來，很早以前，這個地方根本沒有什麼白人、馬或乳牛，而是有很多印地安人和水牛。如今在美國，印地安人和水牛的數量已經非常少了，因此，硬幣上刻著印地安人和水牛，是提醒我們不要忘記美國最早的原住民是印地安人，最早的動物是水牛。

美國五分錢硬幣的正面是印地安人的頭像，背面則是水牛的畫像。

如果你仔細看硬幣上的字，你會發現上面寫著「美利堅合眾國」，這是美國的全名。如果我們每次都說美利堅合眾國的話好像太冗長了，因此，我們通常說「美國」，或簡稱為「U. S. A.」。

你看過左邊這幅畫嗎？一名個子很高的男人，穿著一套像是用美國國旗做的衣服：紅白相間的條紋褲子，長長的燕尾上衣，戴著一頂滿是星星的帽子。其實，這不是歷史上的真人，但他卻是美國的象徵，我們稱這位穿著國旗裝的老頭兒為「山姆叔叔」。美國全稱省略成的「U. S.」，也有人說這是山姆叔叔（Uncle Sam）的縮寫。

我們稱這個身穿國旗裝的傢伙為山姆叔叔。

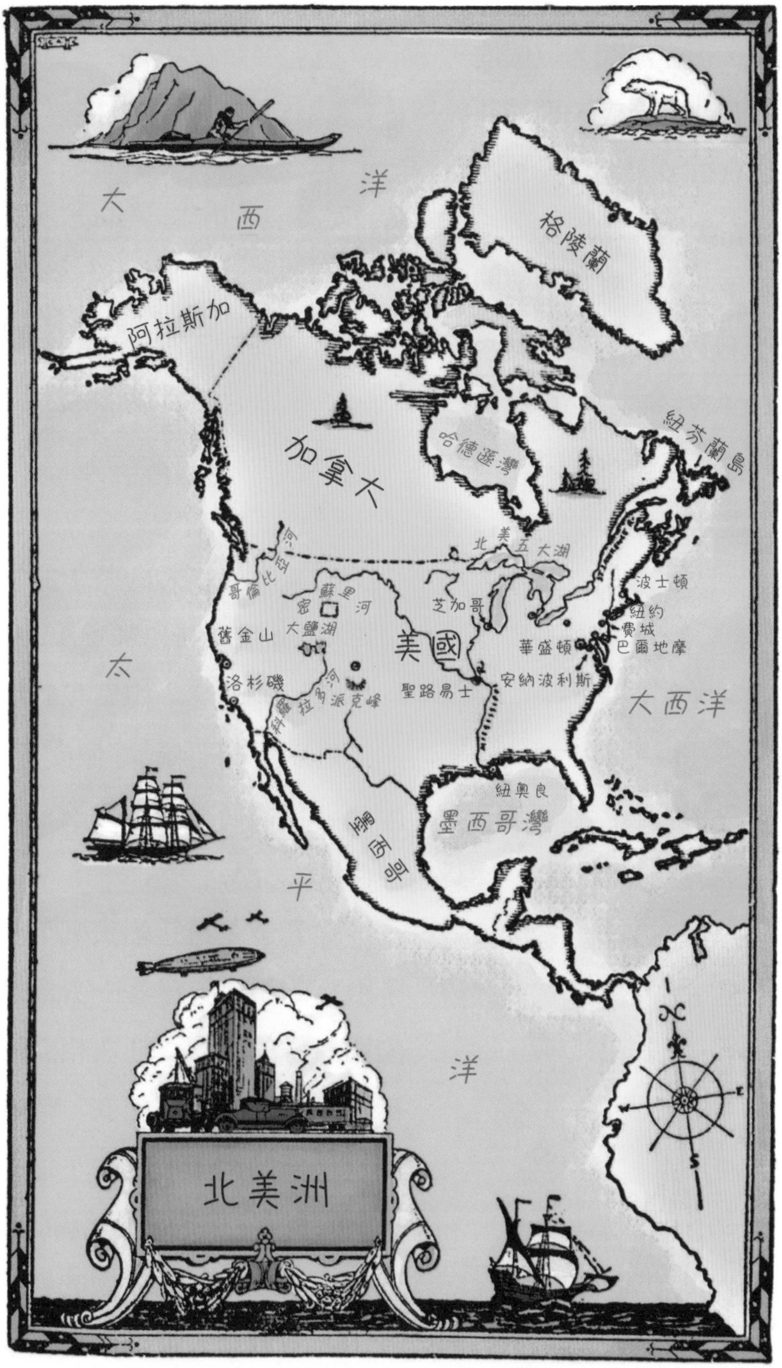

美國只是北美洲的一小部分。你平常看到的美國地圖就像是打滿補丁的被子，其實那些補丁正是組成美國的各個州。

美國的地圖看起來像是拼布做成的被子，上面那些不同尺寸和形狀的布塊就是美國的各個州，這些州都是縫在一起的，也就是這個州和旁邊那個州之間是連接在一起的。事實上，這些州之間並沒有線。地圖上的線，在實際的地面上，可能只是用石頭遠遠地做上標記，當你從一個州跨越州際線進入另一個州時，根本不會有感覺。每個州都有城市、城鎮和鄉村。我住在某個城市裡，這個城市屬於馬里蘭州，而你可能住在另一個城市、城鎮或鄉村，不過我們是都住在美國的某一個州裡，除非——等下我會告訴你幾個不屬於這塊陸地上的其他州。

有些州的邊界是筆直的，有的界線則是彎彎曲曲的，而且可能是一處、兩處或者更多。有些州很大，有些州則很小。最大的州是德克薩斯州（簡稱德州），位在靠近中央的下方；不過我們不說下方，會說南方。最小的州是羅德島州，其實，它根本就不是一個島嶼，它位在中部上方偏右的地方；不過我們不會說中部上方偏右，而會說東北方。面積最大的德州是面積最小的羅德島州兩百多倍大，也就是說，你能把兩百多個羅德島州裝進德州裡。

很久以前，世界上並沒有美國這個國家，只有大西洋海岸邊的十三個州，這些州都很小，所以他們覺得應該成立一個俱樂部。這個想法源於一個古老的故事：從前，有一個人想折斷一把筷子，可是不論如何都無法如願。

後來有人建議他把筷子拆開，再一根一根地折斷，這樣就能很容易地達成目的了。這十三個州認為，如果他們彼此分開的話，會很容易被別人打敗，他們應該聯合起來，合力對抗敵人，就像一整把筷子比較不容易被折斷一樣。

因此，這十三個州聯合起來，組成了一個十三州俱樂部，也就是美國（United States）。他們將「聯合就是強大」視為自己的座右銘，意

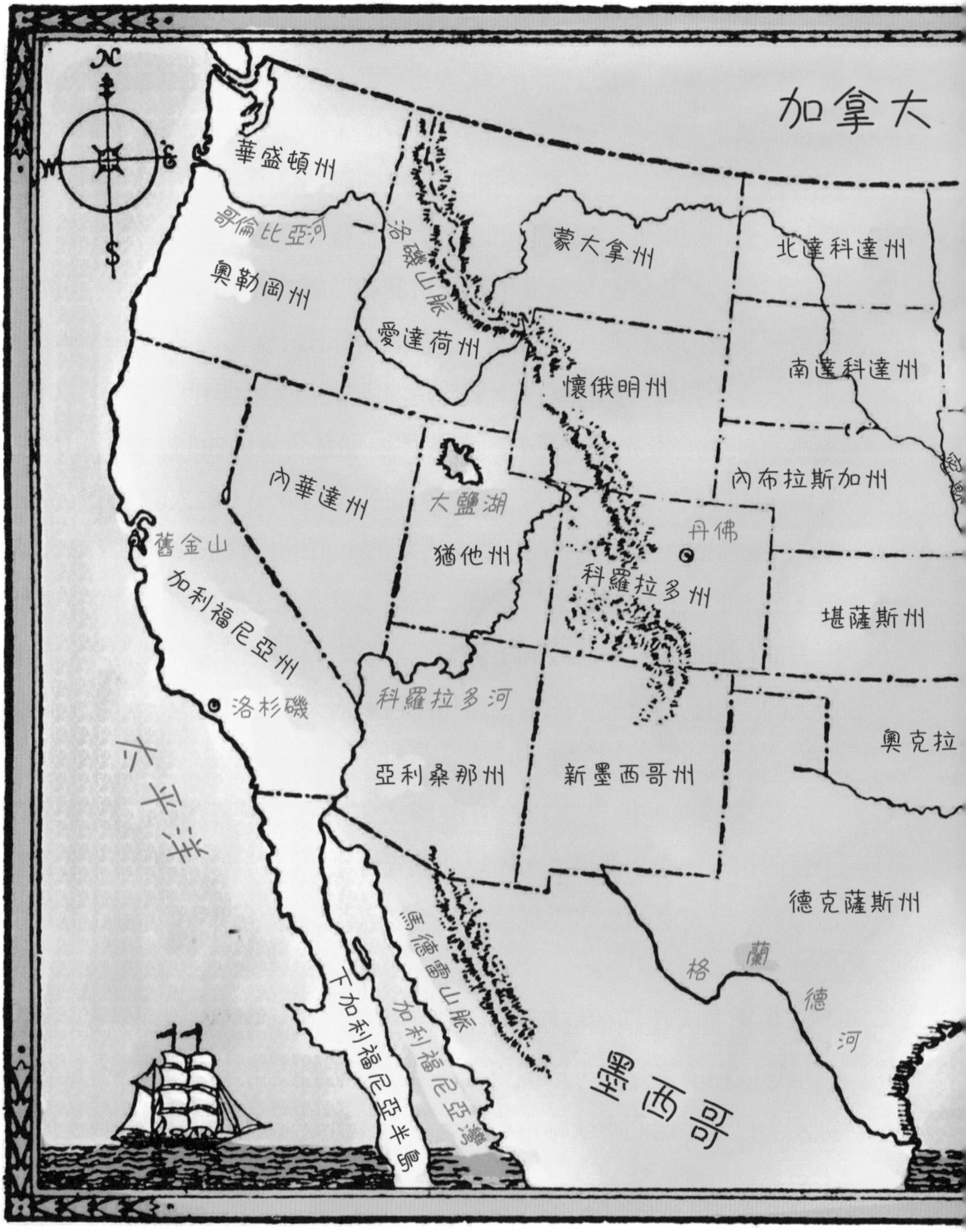
加拿大
華盛頓州
哥倫比亞河
洛磯山脈
蒙大拿州
北達科達州
奧勒岡州
愛達荷州
南達科達州
懷俄明州
內布拉斯加州
內華達州
大鹽湖
丹佛
舊金山
猶他州
科羅拉多州
加利福尼亞州
堪薩斯州
洛杉磯
科羅拉多河
奧克拉
太平洋
亞利桑那州
新墨西哥州
德克薩斯州
馬德雷山脈
格蘭德河
下加利福尼亞半島
加利福尼亞灣
墨西哥

☆ 美國 50 州地圖。

美國
聖勞倫斯河
安大略湖
蘇必略湖
渥太華
蒙特婁
緬因州
佛蒙特州
新罕布夏州
波士頓
休倫湖
威斯康辛州
密西根湖
密西根州
安大略湖
紐約州
哈德遜
麻薩諸塞州
康乃狄克州
羅德島州
紐約
伊利湖
底特律
賓夕法尼亞州
匹茲堡
費城
紐澤西州
芝加哥
密西西比河
俄亥俄州
印地安那州
伊利諾州
西維吉尼亞州
華盛頓
俄亥俄河
乞沙比克灣
維吉尼亞州
肯塔基州
大西洋
北卡羅萊納州
田納西州
南卡羅萊納州
密西西比州
阿拉巴馬州
喬治亞州
佛羅里達州
邁阿密灘
墨西哥灣

思就是「聚在一起就會有力量」。

現在，我們常常視十三為一個不吉利的數字，不過這十三個州可一點都不擔心這個數字會帶來厄運。一個新國家總得有國旗，於是他們製作了一面有十三道條紋（七道紅紋，六道白紋）的旗幟，並在左上角設計藍底，放上十三顆白色的星星，代表十三個州。後來，北美洲的其他州也覺得加入這個俱樂部好像比較好，慢慢的，越來越多地方加入，最後這個俱樂部共有五十個州。若是把這些州連接起來，可以從東邊的大西洋向西延伸至另一邊的太平洋，從太陽升起的地方一直到太陽落下的地方。每新加入一個州，國旗左上角的星星就會增加一顆，但是條紋卻不再增加，不然就太多了。因此，現在美國國旗上有五十顆星星，意味著美國是由五十個州聯合在一起組成的。這也是為什麼美國的硬幣上刻有「e pluribus unum」拉丁文字樣的原因，意思是「合眾為一」。

不過，並不是整個北美洲都加入了這個俱樂部。美國北方的國家叫加拿大，南方的國家叫墨西哥。這兩個國家的人都是美洲人，但是他

美國國旗上有 13 道條紋（7 紅 6 白），左上角還有 50 顆星星。

們的統治者和美國不同，是不同的國家。

儘管只有極少數的印地安人留在美國，我們仍然用他們的名字為某些州命名。試試看，你能在地圖上指出哪些是印地安人的州嗎？是馬里蘭和維吉尼亞州嗎？當然不是，因為這些是女孩的名字；名字以「new」開頭的州，如紐約、紐澤西和新罕布夏州當然也不是印地安名稱，這些州是根據其他國家的老地名取的。讓我告訴你吧，像明尼蘇達（意思是「藍天和水」）、俄亥俄（意為「漂亮的河」或「壯麗」）等許多州的名字，就是源於印地安語。

校長爺爺小叮嚀

1. 在美國的硬幣上，你可以看見：美國最早的原住民是印地安人，最早的動物是水牛。
2. 美國最小的州是羅德島州，位在美國中部上方偏右；最大的州是德州，是羅德島州的兩百倍大。
3. 美國由五十個州組成，因此被叫做「美利堅合眾國」。

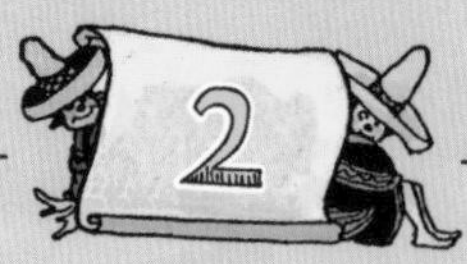

加拿大

美國最大的鄰居

加拿大小檔案

英文名稱：Canada
總面積：998 萬平方公里
人口數：3600 多萬人
首都：渥太華
最大城市：多倫多
貨幣：加拿大元（加幣）
語言：英語、法語
主要農產：小麥

俗話說：「籬笆築得牢，鄰居處得好。」其實是否真的能與鄰居和睦共處，還必須看那個鄰居是怎樣的人。

美國北部的鄰國是加拿大，加拿大的國土面積比美國大。兩國交界的範圍非常廣，從大西洋沿岸一直延伸到太平洋沿岸。如果像兩戶人家一樣，在兩國之間築籬笆的話，那可是會建造出超級長的籬笆。當然，兩國之間不可能有真的籬笆，只有一條虛構的國界。國界不是畫在地上的，而是畫在地圖上的。兩國會在交界處立一塊石頭，上面寫著「加拿大和美國一致同意永不交戰」，這顆石頭叫「和平石」。當然，這只是一個「君子協定」。

小男生在搶東西時，常常會說：「誰撿到就歸誰！」最初，加拿大這塊土地其實是法國人發現的，但是英國人覺得那塊土地是自己的，就和法國發生了戰爭，從法國手中搶走了加拿大。那是很久很久以前的事了，不過現在仍然有許多法國人在加拿大生活，比如加拿大魁北克市這個地方，說法語的人遠遠比說英語的人多。

我曾經養過一條紐芬蘭犬。紐芬蘭犬體型龐大，毛厚厚的，一頓飯要吃下很多東西。紐芬蘭犬來自加拿大大西洋沿岸的紐芬蘭地區，這裡最初是由一個英國人發現的，現在是加拿大的一部分。

紐芬蘭沿海有一片很淺的海域，叫做「大淺灘」，是捕魚的理想場所，漁夫總能在當地捕到很多魚。成千上萬的小船在大淺灘附近往返穿梭，每次捕撈都收穫滿滿，大家樂得合不攏嘴，更加辛勤地捕魚，直到小船裝不下為止。不過那附近經常濃霧瀰漫，視野不佳，難以看清楚前方的路。有時大型汽船不注意，就會發生撞到小船的意外，小船會連人帶船沉入海底，相當危險。

加拿大國土遼闊，但人口稀少，只有三千六百多萬人。國境北部的冬季非常寒冷，所以多數人都居住在靠近美國的南部地區。這些地區的加拿大人生活習慣和美國人接近，種植的作物也很相似。加拿大和美國一樣，都是世界上主要的小麥生產國。

紐芬蘭犬來自加拿大大西洋沿岸的紐芬蘭地區。

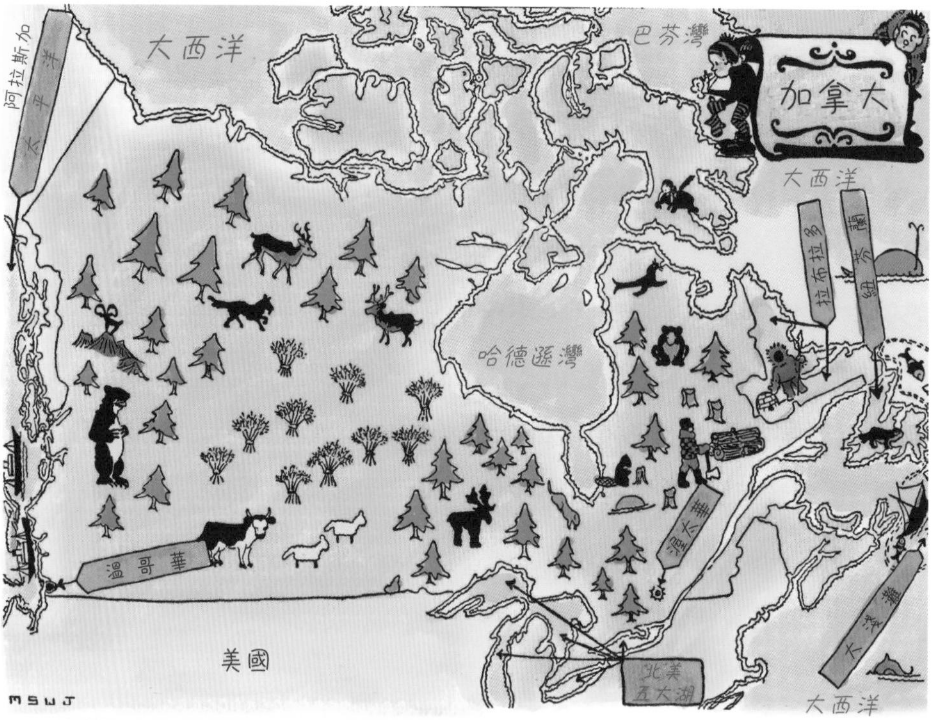

加拿大國土遼闊，有許多自然的動植物。

加拿大有一個大型的鐵路公司，叫加拿大太平洋鐵路公司。加拿大的鐵路橫貫整個國家，從東邊的大西洋畔一直延伸到西部沿海的溫哥華。鐵路的盡頭連接其他交通運輸工具，太平洋和大西洋上都有大型汽船輸送貨物。

鐵路沿線的許多旅館都是加拿大太平洋鐵路公司開的，其中路易士河和洛磯山脈這一段鐵路沿線風景很美，好山好水，是度假勝地，也有很多新婚夫婦會去那裡度蜜月。

大部分的女生不喜歡狐狸或狼這樣的野生動物，但有些女生對這些動物的皮毛卻非常熱愛，不惜用昂貴的價格購買皮草。在加拿大，有一個和墨西哥灣大小相當的海灣，叫哈德遜灣，是以發現這個海灣的人的姓來命名的。對了，美國紐約州的哈德遜河也是同一個人發現的，不過哈德遜灣與哈德遜河沒有交會、相連。

哈德遜灣非常寒冷，每到冬天就是個冰封之地，除了少數捕獵野生動物的人，沒有人居住。當地的野生動物無法像人類一樣買大衣保暖，只能靠身上厚厚的毛皮過冬，毛皮就是最好的保暖大衣。獵人會捕殺野狼、狐狸以及其他動物，把牠們的皮剝下來，製成皮草，再以高價出售給愛漂亮的女士。這是非常殘忍的事情，但對某些人而言，賺取錢財比什麼都重要。這些獵人都受雇於經營皮草貿易的哈德遜灣公司。

我們都知道美國分成不同的州，加拿大則是以不同的省劃分區塊。加拿大國內共有十個省份，最主要的一個省是根據安大略湖命名的安大略省，它與五大湖中的四個湖泊都接壤，只與密西根湖不相鄰。加拿大的首都渥太華就位於安大略省。加拿大是大英國協的成員之一，英國會委派一名總督前往加拿大，參與管理國家事務。

緯度越高，天氣就越寒冷。加拿大最北端的地區，氣候實在太過寒冷了，不但動物難以生存，連多數的樹木都無法生長，只有松樹、雲杉這一類樹木可以生長，而且全年不落葉。這些樹叫做「常青樹」，木材質

加拿大有許多長青樹，例如圖中的「雲杉」。

地較柔軟，一般用來造紙。橡樹、楓樹等樹木無法在寒冷的氣候中生長，而且每到秋季就會落葉，不過木材質地堅硬，通常用來做家具。

我們閱讀的書籍、報紙所使用的紙張，都是用木材製作的。光是供應一份報紙一天的紙張需求，就需要砍伐很多樹木了，何況要供應一個城市一天發行報紙的紙張，必須用掉好幾十公畝的樹木！美國報紙所用的紙都來自加拿大，你想像一下，為了讓美國所有報紙能順利發行，加拿大的樹木正以多快的速度減少啊！那裡的人每天都要砍伐很多樹木，做成紙漿，然後做成紙張，運到美國，印出我們每天看到各式各樣的報紙。就像我們吃小麥、動物吃玉米一樣，出版社每天都要「吃」掉很多樹木。

我印象很深刻，小時候上第一堂地理課時，就學到關於愛斯基摩人的知識了。愛斯基摩人住在冰天雪地的地區，房屋是用冰塊建造的；他們會在冰層上鑿一個洞，然後從洞裡釣魚。加拿大東北角的拉布拉多地區就有許多愛斯基摩人。愛斯基摩人與印地安人有血緣關係，而這兩個人種與中國人又有血緣關係，這點後面我會講到。

！校長爺爺小叮嚀

1. 美國最大的鄰居是加拿大，它的國土面積比美國還要大，是世界第二大的國家（第一大國家為俄羅斯）。
2. 加拿大一開始是法國人發現的，後來才被英國占領，最終獨立，因此加拿大有許多地方都會說法語。
3. 加拿大以省為區分，國內共有十個省份，最大的省為「安大略省」。

墨西哥

讓拇指與食指呈現 G 的形狀，就可以看見這塊戰神的國度

墨西哥小檔案

英文名稱：Mexico
總面積：196 萬平方公里
人口數：1 億多人
首都：墨西哥城
最大城市：墨西哥城
貨幣：比索
語言：西班牙語
主要礦產：銀礦

某天早晨，湯米坐在飯桌邊吃奶油餐包。他沿著麵包邊緣一口一口謹慎地咬著，每咬一口就把麵包拿遠一點，盯著麵包看，不知道在想些什麼。

「你在幹什麼？」爸爸問道。

「我想把麵包咬成美國地圖的形狀呀。」湯米邊說著，邊把麵包小心翼翼地放到桌布上，指著麵包對爸爸說：「你看，這個角落是阿拉斯加州，那個角落是佛羅里達州，對面就是猶加敦半島。」然後他把一小塊麵包搓成細條，放在另一個角落，「看，這裡是下加利福尼亞半島。」

「本來你玩食物，應該罰你不能吃飯的。」爸爸說：「不過，既然你做得這麼好，表示你對地理很有興趣。讓我考考你，你能告訴我加利福尼亞灣在哪裡嗎？」

「不在加利福尼亞州，」湯米機靈地說：「啊哈，你考不倒我的！加利福尼亞灣和下加利福尼亞半島都在墨西哥。」

「很好！」爸爸說：「我小時候啊，有一次上課時，老師問我加利福尼亞灣和下加利福尼亞半島在哪裡。我課前沒有好好預習功課，理所當然地認為這兩個地方在加利福尼亞州，於是脫口而出『當然在加利福尼亞州呀！』真是太糗了。」

「那你學過這個嗎？」湯米把左手的拇指和另外四根手指彎曲成大寫字母「G」的形狀，並把虎口向下，「看，G代表墨西哥灣，食指就是佛羅里達州，拇指是猶加敦半島，旁邊就是墨西哥了。」

「我以前上學的時候，老師不會用這種有趣的方法教書。」爸爸答道。

「哈哈，老師才不知道這種方法呢！」湯米得意洋洋地說：「這是我自己想出來的。」

你聽說過「神的國度」嗎？

美國南部的鄰國墨西哥，就是神的國度，準確地說，是「戰神的國度」。墨西哥（Mexico）是根據印地安人信奉的戰神墨西里（Mexitli）命名的。

當你穿越美國北邊的邊境，進入加拿大時，根本不會覺得到了另一個國家。加拿大人和美國人都是白種人，說的也是同一種語言。但當你穿越南邊的邊境進入墨西哥時，就能明顯感覺到這是另一個國家了。墨西哥人與美國人是不同的人種，說著不同的語言。過去，墨西哥曾經被大西洋對岸的西班牙統治過一段時間，所以人民說西班牙文。不過現

把左手彎成「G」的形狀，可以表示墨西哥灣地區：G 代表墨西哥灣，拇指是猶加敦半島，食指是佛羅里達州。

在已經獨立了。

上一章我們說過，美國和加拿大邊境有一塊「和平石」，上面寫著「加拿大和美國一致同意永不交戰」。美國與墨西哥邊境卻沒有這樣的和平石，兩個鄰居間打過很多場戰爭。現在美國的德州、新墨西哥州和亞利桑那州以前都是墨西哥的領土，後來經過戰爭，才歸美國所有。

德州和墨西哥之間有一條河，叫做「格蘭德河」（在墨西哥稱為「北布拉沃河」），意為「壯麗的河流」。**墨西哥的氣候十分乾燥，一年中有幾個月，格蘭德河會處於幾乎乾涸的狀態，每當這個時候，人們就能從美國徒步走過格蘭德河，到達墨西哥。**

白人初到美國時，當地居住著很多印地安人。後來，白人把印地安人趕到偏遠的地區，這個族群漸漸沒落。現在美國國內的印地安人很少，只能在馬戲團或五分硬幣上才能看到傳統印地安人的樣子。

白人初到墨西哥時，當地也居住著很多印地安人，不過現在墨西哥國內的印地安人比白人多。許多西班牙裔白人與印地安人結婚，所生的孩子長相通常都偏向白人面孔。現在墨西哥國內，有很多這樣的混血人種。一開始前往美國的白人多是英國人，因此現在美國人說英文，生活習慣也與英國人差不了多少；而到墨西哥的白人是西班牙人，因此現在墨西哥人說西班牙文，很多生活習慣與西班牙人相同。

西班牙人剛到墨西哥時，發現當地的印地安人喜歡戴銀項鏈、銀手鐲以及其他銀飾，就猜想墨西哥一定有很多銀子。他們本來打算到墨西哥找金子的，不過銀子也不錯。於是，他們開始開採銀礦，直到現在都還在進行。**西班牙人來到墨西哥四百多年後，墨西哥的白銀產量仍是世界最大**。銀礦位於山中，就是我們前面說的洛磯山脈，不過墨西哥人將這座山脈叫做「馬德雷山脈」。

馬德雷山上有一個碗狀的山谷，墨西哥首都墨西哥城就位在這個山谷裡。我們都知道，通常越往北就越冷，越往南就越熱，但也有特

波波卡特佩特火山這個名稱來自印地安語，也就是「冒煙的山」的意思（拍攝者為Alejan-droLinaresGarcia from維基百科）。

例，即山峰地勢越高，天氣也會越冷。所以雖然墨西哥城非常靠近南部，但因為它位於山頂，氣候非常溫和，不如想像中炎熱。

墨西哥城附近有一座古老的火山，名字有點奇怪，叫「波波卡特佩特火山」。很難記吧？為什麼不取個簡單的名字呢？其實這個名字來自印地安語，意為「冒煙的山」，這個含意很明確又好懂吧？只是唸起來比較長。波波卡特佩特火山位於南部地區，又是座火山，你一定會認為這裡很熱吧？不，它的山勢很高，山頂非常寒冷，一年四季都覆蓋著皚皚白雪。這座火山是一座休眠火山，不會噴發，但火山口會不停地冒出含硫的濃煙，火山口堆積著許多硫磺。印地安人會登上波波卡特佩特火山，進入火山口收集硫磺，用來製造火柴、藥物等物品。

墨西哥灣附近炎熱潮溼，不利於身體健康，所以居民不多。那裡的地底有著豐富的石油資源，附近有個叫坦皮科的城市，全年都在開採石油。那裡離大海很近，採油者用油船將石油運送到美國和世界各地。用油船運送石油比用火車運輸便宜得多，一艘油船能夠裝載的石油比一千節火車車廂還多！

墨西哥有一塊地區，就是前面小湯米拇指的位置，叫猶加敦半島，它的形狀的確像個拇指。這裡出產一種植物叫「劍麻」，葉子的形狀像一把長劍，裡面有一種纖維，看上去很像灰色的頭髮，可以用來製作麻繩。當地還有一種植物的汁液可以做口香糖。

！校長爺爺小叮嚀

1. 把左手拇指與其他四指彎曲成G的形狀，並把虎口向下。G代表墨西哥灣，食指代表美國佛羅里達州，拇指是猶加敦半島，旁邊就是墨西哥了。
2. 墨西哥（Mexico）這個名字是從印地安人的戰神墨西里（Mexitli）而來。
3. 墨西哥氣候十分乾燥，與美國相鄰的格蘭德河甚至會乾枯，人們可以直接穿越，到達美國。

巴拿馬

近在咫尺，遠在天涯的大西洋與太平洋

巴拿馬小檔案

英文名稱：Panama
總面積：74000平方公里
人口數：400多萬人
首都：巴拿馬城
最大城市：巴拿馬城
貨幣：巴波亞、美元
語言：西班牙語
主要農產：咖啡、香蕉

我家牆上貼了一張地圖，地圖上可以看到大大的「北美洲」和「南美洲」這兩個名字，而且北美、南美，聽起來就像兩姊妹的名字。上帝創造了這「兩姊妹」，讓兩者連接並排著，中間只隔了一塊小小的土地，就是中美洲。這裡有一塊狹長的地方，叫「巴拿馬地峽」，它在地圖上看起來就像樹葉的葉柄那麼細。

巴拿馬地峽的左邊是太平洋，右邊是大西洋。兩個大洋之間距離很近，可以說是「近在咫尺」；但對於兩大洋上的船隻來說，卻是「遠在天涯」。

由於中間隔著這塊陸地，兩邊的船隻無法通行，只能往南繞行一萬多公里，繞過南美洲的最南端到另一邊。北邊則因為被冰雪覆蓋，無法通行。這對於航海的船隻來說非常不方便，這就像你騎著摩托車，來到一條河邊，河上沒有橋，只看到河邊立著一塊牌子，上面寫著「此路不通，請繞行一萬公里」。沒有人想碰到這樣的情況，所以就有人想辦法製造方便的近路。

巴拿馬運河。

有人建議：「我們可以用巨大的起重機，從某一邊將船隻吊起來，放到巨大的卡車上，運到另一邊，然後再用巨大的起重機將船隻放到海裡。」

這個想法馬上被否決了，你想，要一一吊起船隻多費工啊，吊的速度都趕不上船入港的速度了！

又有人建議，不如開鑿一條運河，船隻就能直接從一個大洋開到另一個大洋了。從地圖上看起來，開鑿運河似乎非常簡單，好像只要用剪刀剪一剪，或用小刀刻一刻就行了。不過，巴拿馬地峽雖然狹小，實際距離卻有五十多公里那麼長，而且中間有不少山脈，開鑿運河是一件非常困難的事。

中美洲經常發生地震，當時有人異想天開，想說如果能來個一次地震，把巴拿馬地峽震開就太好了，這樣就能免去人工開鑿運河的麻煩。這樣想實在太天真了，地震只會帶來災難，從來不會帶來好處的。

你可能會問：「為什麼船隻非要從一個大洋到另一個大洋不可呢？為什麼不能只在一個大洋上航行呢？」你想一想，平時媽媽會去買東西吧？要買吃的、穿的和用的，有時還要買大型的物品，像是家具和電器等等。船隻也一樣，必須在世界各地交易貨物，所以必須在不同的大洋之間航行。有的船隻從大西洋沿岸的國家出發，開到太平洋沿岸的國家，購買茶葉、陶瓷碗碟和絲綢製品；有的船隻從太平洋沿岸的國家出發，開到大西洋沿岸的國家，購買本國沒有的東西。僅僅因為隔著一道狹長的地峽就要繞行那麼遠，顯然非常不方便。後來，位於大洋彼岸的一家法國公司決定在巴拿馬地峽開鑿一條長長的運河。

那時候的白人覺得巴拿馬地峽非常不適合人居住，即使當地的印地安人和黑人已經習慣那裡的生活了，白人卻無法適應。去那裡的白人中，有三分之一會發高燒而死。法國的這家公司在幾年間派了很多工人去開鑿運河，花了很多錢，工程進展卻非常緩慢，最後，這家公司便宣布放棄了。

後來美國從那裡的小國巴拿馬租用了一塊土地，租約是永久的。這塊土地長達十六公里，剛好位於巴拿馬地峽中，人稱「運河區」。在開鑿運河之前，美國人就說：「那裡的環境太糟糕，根本不適合白人居住，一定要先改變當地的環境，讓人能夠居住才行，否則派再多的人過去都會病死。」於是，便派了一個非常有名的醫生前往運河區，希望他能釐清白人得病的原因，並改善當地的環境。

為什麼白人那麼容易得病呢？那名醫生去了之後才發現，原來罪魁禍首竟然是小小的蚊子！我們平時被蚊子咬了之後，會腫起一個小小的包，還會發癢，但不久就沒事了。那裡的蚊子卻不一樣，是會傳染疾病的。那裡有兩種不同的蚊子，一種是城市的蚊子，一種是鄉村的蚊子。鄉村的蚊子會傳播瘧疾等疾病，但這並不是引起眾多白人死亡的原因，白人的死亡是由城市的蚊子引起的。這種蚊子能傳播一種叫黃熱病的疾病，這種病的死亡率非常高。病人會出現黃疸的症狀，伴隨著發熱，所以這種病就叫「黃熱病」。

那名醫生下定決心要消滅蚊子，保護人們的生命安全。他追蹤這兩種蚊子，然後找到不同的方法消滅牠們：他用出產於波波卡特佩特火山的硫磺消滅城市蚊子，又用同樣產於墨西哥的石油消滅了鄉村蚊子。之後，他還清理了溼地等等蚊子會大量繁殖的地方，完全斷絕蚊子的生存機會。這些方法立竿見影，徹底改變了運河區的生活環境。

完成滅蚊工作後，美國人才前往運河區開鑿運河。法國人開鑿運河時，只知道一味地開鑿陸地，希望打通整個地峽，將太平洋和大西洋連接起來，工作非常繁重。美國人並沒有按這種方法開鑿，他們找到地狹的最高處，發現那裡原本就有一條河和一個湖，於是便在那裡開鑿了一條比較短的運河。

工人將河與湖中的水引入運河，保證船隻能在裡面航行。運河的兩端分別裝上水閘，利用水閘將船隻升起或降下，這樣就方便多了。運河裡的水是淡水，兩大洋的海水都不會進入運河。

你可能會覺得奇怪，為什麼船能從那麼高的地方慢慢往下開呢？又怎麼開上去呢？那些河裡的台階又是什麼呢？讓我告訴你吧。

運河裡的那些台階叫做「水閘」，每個水閘就像一個個巨大的浴缸一樣。你有沒有在浴缸裡玩過小船呢？如果有的話，你應該知道，當浴缸中的水面越高，你的小船就越高；當你把浴缸裡的水放掉時，水面越低，你的小船也越低。

水閘和大船之間的關係，就像浴缸和小船一樣。如果一艘大船要從運河的大西洋這邊開到太平洋那邊，首先會進入最上面的水閘。然後人們把水閘裡的水放掉，水面越低，大船就越低。水放完後，大船就到了水閘底部。這時，水閘底部的門打開了，大船進入下一個水閘中。一

巴拿馬運河運用水閘將船隻升起或降下。

次次重複這個過程的話，大船就能順利往下，到達太平洋啦！相反的，如果一艘大船要從下面的太平洋開到上面的大西洋，首先駛入最下面的水閘，門關上後，水開始注入水閘，隨著水面上升，大船也跟著上升，然後進入下一個水閘。重複幾次這個過程，船便能進入大西洋。

有了這條運河，北美洲和南美洲似乎分開了，但和兩塊大陸相比，運河非常狹小，兩塊大陸看起來還是連在一起的。或許將來有一天，創造了這「兩姊妹」的造物主會把它們分開，但這種事誰都無法預測。

！校長爺爺小叮嚀

1. 巴拿馬地峽的左邊是太平洋，右邊是大西洋。
2. 巴拿馬運河貫穿中美洲，聯通了世界最大的兩個海洋——太平洋與大西洋。
3. 巴拿馬運河有著像台階的「水閘」，用來讓船隻通過運河。

5

西印度群島

海盜出沒的海洋

哥倫布堅信地球是圓形的，就算從西班牙向西邊航行，
也可以抵達位於東半球的印度群島。
他乘船向西邊不斷航行，終於抵達了一些小島，
但是，哥倫布抵達的地方並不是印度群島，而是中美洲附近的小島。

有一次，我從巴爾地摩搭乘火車，有人問我要去哪裡，我說去巴爾地摩。那人疑惑地看著我，對我說：「你坐錯火車啦，這輛車是要離開巴爾地摩的呀！」

「我知道啊。」我回答他，「我坐火車離開巴爾地摩，就算跑遍全世界，都可以回到這裡呀，而且我還能從反方向回到這裡呢。」

對北美洲的人來說，世界的另一端是印度群島。以前的人要去印度群島的話，都會朝東出發，距離非常遙遠。後來，哥倫布認為朝反方向，向西走，應該也能夠到達印度群島。他認為地球是圓的，無論向東還是向西，都可以到達某一目的地。其他人都認為他這個想法很愚蠢，朝西邊走怎麼可能到達東邊的目的地呢？哥倫布堅持自己的看法，乘船出發，一路向西，終於到達了一些小島。他以為這就是印度群島，就將小島命名為「西印度群島」。但那時**哥倫布到達的地方並不是印度群**

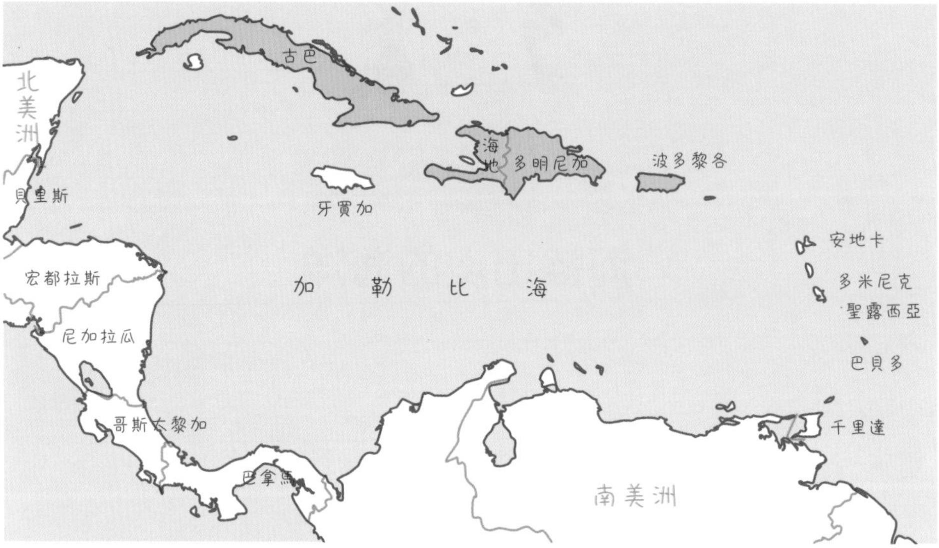

西印度群島位於加勒比海地區，主要的三個島嶼上，分別有：古巴、海地、多明尼加、波多黎各這四個國家。

島，即使當時他再走遠一點，中間也會有中美洲擋路，到不了那裡的。

哥倫布看到西印度群島上的居民和自己長得不一樣，他們的皮膚是紅色的，臉上塗著油彩，頭髮上插著羽毛。他稱呼這些人為「印地安人」，其他人稱他們為「加勒比人」，意為「勇敢的人」。圍繞著這些島嶼的蔚藍大海叫做「加勒比海」，意為「加勒比人的海洋」。

哥倫布為了尋找新的路線而出發，可惜最後沒有完成心願。後來也有很多人一直努力尋找「印度群島」，他們主要是為了尋找黃金和白銀才出航的。那些人在墨西哥和南美洲發現黃金和白銀，還從印地安人手上搶走了許多財寶，行徑和強盜沒什麼差別。掠奪別人的財產後，他們就將這些金銀財寶用船運回西班牙。

不過許多裝著錢財的船隻根本無法順利抵達西班牙，因為海盜早就在海上埋伏，等著搶劫那些「陸地上的強盜」。與搶劫印地安人相比，跟這些人交手困難多了。海盜全副武裝，藏在加勒比海的小島後面。他們腰間綁著鮮紅色的腰帶，脖子上圍著鮮紅色的頸巾，頭上包著鮮紅色的頭巾，耳朵上戴著巨大的耳環，手上戴著巨大的手鐲，模樣十分嚇人。一旦看到遠處有載著金銀財寶的船隻駛來，他們就會在桅杆上升起一面黑旗，旗子上有一個骷髏頭，骷髏頭下方畫著由兩根骨頭構成的叉叉。

海盜船漸漸靠近，伺機搶劫。一劫獲駛來的船隻，海盜便將船隻和財寶據為己有，要船員做自己的奴隸。如果正好不需要奴隸的話，他們就會讓船員玩「走木板」的遊戲。這可不是什麼好玩的遊戲哦，海盜會在船沿上固定一塊木板，矇住那些被俘虜船員的眼睛，要他們走上木板。很多船員都會從木板上掉下去，在茫茫無際的大海中溺水而死。至

加勒比海天氣溫暖，風景宜人（拍攝者為 Bjørn Christian Tørrissen from 維基百科）。

於金銀財寶，會被裝進一個上鎖的大箱子裡，運回海盜的據點小島，埋入土中。沒有人能夠輕易地找到這個藏寶的地點。然後海盜會在地圖對應的位置標上一個「×」，以便日後查找。

加勒比海的海盜很久以前就已經消聲匿跡，在加勒比海上來往穿梭的船隻再也不必害怕碰上凶殘的海盜了。現在大部分船隻都不是裝運金銀財寶，即使真有海盜，他們也不會搶這些東西。

加勒比海蔚藍無比，天氣溫暖宜人，島嶼風情美麗，吸引很多人去那裡度假。我也是其中之一。

我現在還清楚地記得那次度假的情景。當時我從大雪紛飛的紐約出發，兩天後到達一個叫百慕達的島上，當地氣候溫暖、陽光燦爛，和紐約的天氣簡直是天壤之別。麝香百合競相開放，地瓜和洋蔥遍地生長。當地的農民將鮮花和水果運到紐約，讓紐約人在冬季也能欣賞夏季的鮮花和享用水果。

我乘坐的船繼續往南開了兩天，來到了一個叫拿索的島嶼，這裡是巴哈馬的首都。當地人從海底採摘海綿，運到美國出售，供美國人使用。你可能會問：「海綿為什麼是用『採摘』的呢？不是工廠製作出來的嗎？」其實海綿本來是活的，生長在海裡的岩石上，外面有一層像果凍一樣的東西，裡面才是海綿。漁夫潛入海底，把海綿從岩石上取下來，去掉外面那層東西，剩下的就是我們看到的那樣了。

巴哈馬群島中有一個小島是哥倫布最初登陸的島嶼，它因此成了世界上最著名的小島。島上有一塊紀念碑，據說立碑的地方就是哥倫布下船的地點。當時哥倫布歷經艱辛，終於看到了這片島嶼，心中非常激動。從船上下來後，他立即雙膝跪地，感謝上帝指引，讓他安全到達了「新大陸」。為了表達對上帝的感激之情，**他將這個小島命名為「聖薩**

爾瓦多」，意為「神聖的救世主」。

西印度群島中，有三個島嶼彼此相連，我來一一介紹給你聽。

其中一個島是整個群島中最大的，叫古巴島。哥倫布剛到古巴時，發現當地人喜歡在嘴上叼根細細的東西，吸進菸，再將煙吐出來，就像吞雲吐霧的龍一樣。哥倫布一行人覺得這個動作真是奇怪又特別，不過他們實在不明白那是幹什麼的，但當地人似乎都很享受那樣的感覺。後來他們才知道原來那是香菸，是由菸草這種植物做成的。現在香菸已經在全世界風行——但我們必須避免抽菸，這是一個傷害身體健康的壞習慣——很多地區都種植菸草，但大家都公認古巴的菸草是全世界最優良的。古巴的首都哈瓦那就盛產菸草， 還外銷到世界各地。

後來有很長一段時間，古巴都是西班牙的殖民地，直到後來才獨立。

幾乎所有的蔬菜水果都含有糖分，有的含糖量很高，像是荔枝，吃起來甜甜的；有的含糖量很低，比如檸檬，吃起來酸酸的。有兩種蔬菜，甜菜和甘蔗，糖分含量很高，是為了製作食用糖而種植的。

你看過甜菜嗎？甜菜的長相跟蘿蔔很像哦！甘蔗則細細長長的，長得像玉米稈。

將甜菜和甘蔗榨出汁液，便能從中取得糖分，並製成食用的糖。古巴的甘蔗種植量曾是世界最多，目前已退居第十。

第二個島是海地島，島上有兩個國家：海地和多明尼加。這兩個國家和美國一樣，總統、參議員和眾議員都是由人民選舉產生的。島上居民全是有色人種。

哥倫布就是在海地島上去世的。多年以後，居民在島上挖出一副骸骨，指稱那就是哥倫布的遺骨，然後慎重其事地將它送回西班牙。但是很多人不認為那是哥倫布的骸骨，他們相信哥倫布的遺體還埋在海地島的某個地方。

許多人相信，哥倫布的骸骨仍然埋在海地的某個地方。

第三個島是波多黎各島。當地也出產菸草，但很奇怪的是，這裡種植的菸草品質怎麼樣都比不上古巴的菸草。

古巴島的南部還有一個小島牙買加。當地盛產香蕉，也會外銷到美國。

這裡的農人在香蕉還是綠色的時候就將它摘下，這時果實還沒成熟，但是運到美國時就差不多變黃變熟，可以吃了。如果你吃了還沒熟的香蕉，可能會肚子痛，不過這時候只要吃點牙買加產的薑就不會痛了，這種薑對於治療胃痛和肚子痛有很好的效果。

菸草、糖、海綿、蔬菜、香蕉、百合，如果海盜看到劫獲的船隻裝的是這些東西的話，一定會氣得半死！

! 校長爺爺小叮嚀

1. 哥倫布發現新大陸美洲時，第一個登陸的島嶼是「聖薩爾瓦多」。
2. 全世界最優良的菸草，產於古巴。
3. 西印度群島中的海地島，島上分別有兩個國家—海地與多明尼加。

動動腦，想想看！

看了這麼多有趣的北美洲故事，讓我們看看你知不知道這些問題的答案吧！

Q1 美國最早的原住民是哪個人種呢？

Q2 加拿大最大的省份為？

Q3 墨西哥的名字是從哪裡來呢？

Q4 巴拿馬地峽的兩邊，非別是哪兩個海洋呢？

Q5 哥倫布發現新大陸美洲時，第一個登陸的島嶼是？

檢查看看，你答對了嗎？

A1 印地安人。

A2 安大略省。

A3 印地安人的戰神墨西里而來。

A4 左邊是太平洋，右邊是大西洋。

A5 聖薩爾瓦多。

這些問題你都答對了嗎？
答對了，請繼續跟著校長爺爺一起探索南美洲的故事吧！
答錯了別灰心，翻回前面，讓校長爺爺重新告訴你世界的故事！

PART3 南美洲

南美洲就像一個漏斗，或是一片葉子

你知道南美洲在哪裡呢？南美洲就在北美洲的下方，看起來像一根紅蘿蔔、一根蕪菁（大頭菜）、一個漏斗，或是一片葉子。南美洲有著全世界最大的熱帶雨林「亞馬遜叢林」，叢林裡住著各式各樣你可能從未聽過的動、植物，是科學家最喜歡的地方。

南美洲貫穿了赤道，並且向下延伸到鄰近南極地帶，是一個氣候多樣化的地區。在哥倫布發現美洲前，南美洲只有動、植物，還有印地安人居住，是相當原始的地方。

南美洲小檔案

總面積：1700 萬平方公里
人口數：4 億多人
主要國家：委內瑞拉、哥倫比亞、蓋亞那、厄瓜多、祕魯、玻利維亞、巴西、智利、阿根廷

北美洲
North America
太平洋
Pacific Ocean
南美洲
South America
儘管智利的土地狹長，又多為高山，但是因為出產珍貴的礦產——「硝酸鈉」與「碘」，因此當地經濟相當富裕。

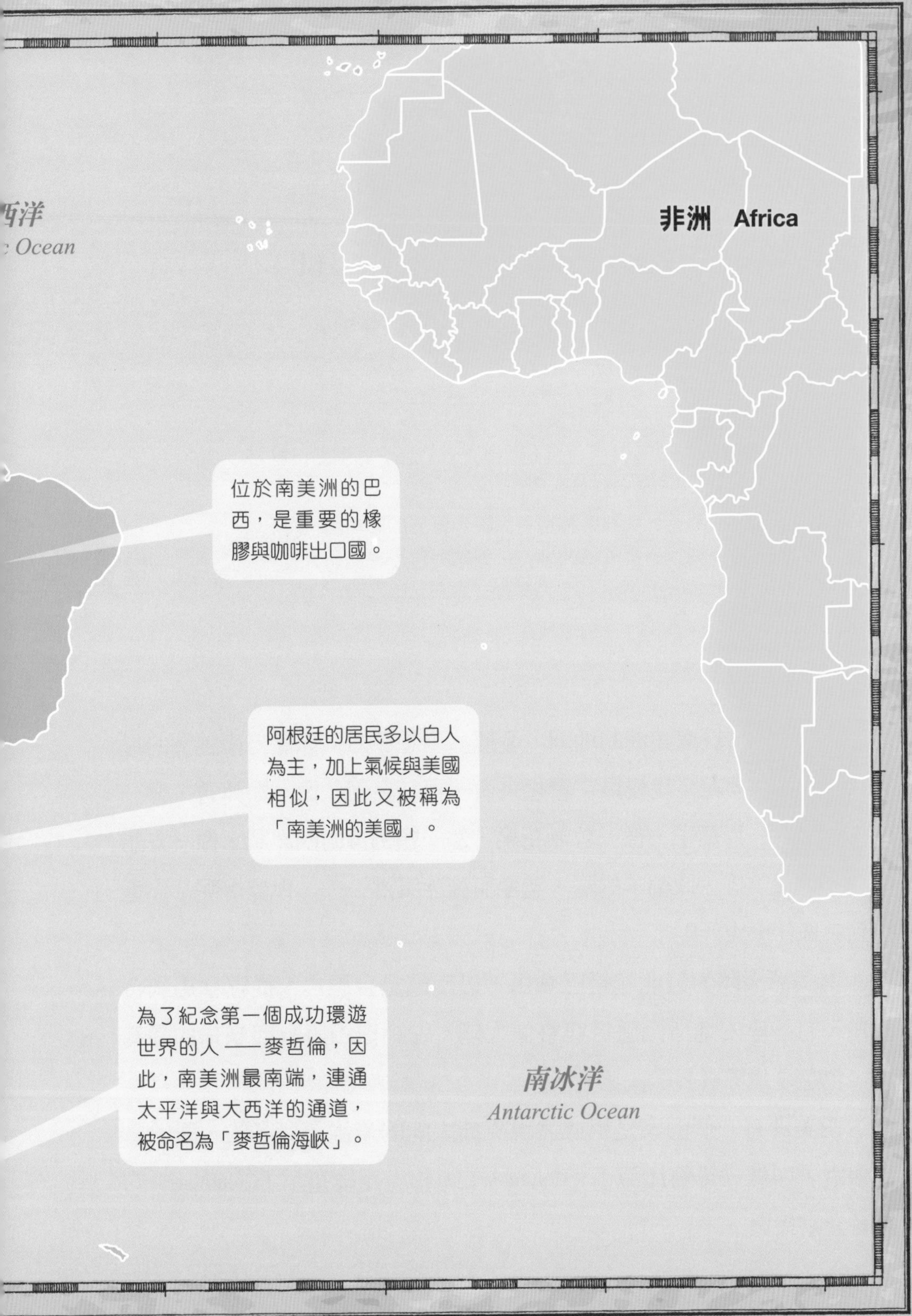
非洲 Africa
位於南美洲的巴西，是重要的橡膠與咖啡出口國。
阿根廷的居民多以白人為主，加上氣候與美國相似，因此又被稱為「南美洲的美國」。
為了紀念第一個成功環遊世界的人——麥哲倫，因此，南美洲最南端，連通太平洋與大西洋的通道，被命名為「麥哲倫海峽」。
南冰洋
Antarctic Ocean

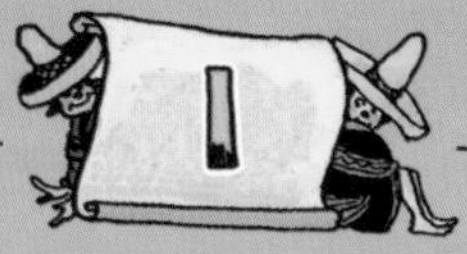

南美洲北部

最凶殘的印地安人居住地

現在，我們即將拜訪北美洲的好姊妹「南美洲」。
歐洲人抵達南美洲之前，這裡充滿著許多野生動植物，
還有許多生活原始的印地安人。
南美洲北部叢林裡，有許多野生的動植物，
對旅行者來說是很危險的地方，但卻是科學家的研究寶地呢！

請你看著右頁南美洲的地圖，發揮一下想像力：你覺得南美洲的形狀像什麼呢？我覺得它看起來像一根紅蘿蔔，像一顆蕪菁，像一個漏斗，像一片葉子，像一粒無花果，像一顆倒置的西洋梨，像一支船槳，像一塊羊排，像綿羊的腿，還像甜筒冰淇淋……，你覺得呢？你還想到它像什麼東西呢？

南美洲大陸的最北端是巴拿馬，最南端是合恩角。從巴拿馬到合恩角，有一座安地斯山脈貫穿整個大陸。**安地斯山脈有西半球的最高峰，也是全世界最長的山脈。**

南美洲有一個國家是根據發現美洲大陸的哥倫布命名的，離巴拿馬很近，叫做「哥倫比亞」（Columbia），和「哥倫布」（Columbus）的讀音非常接近。

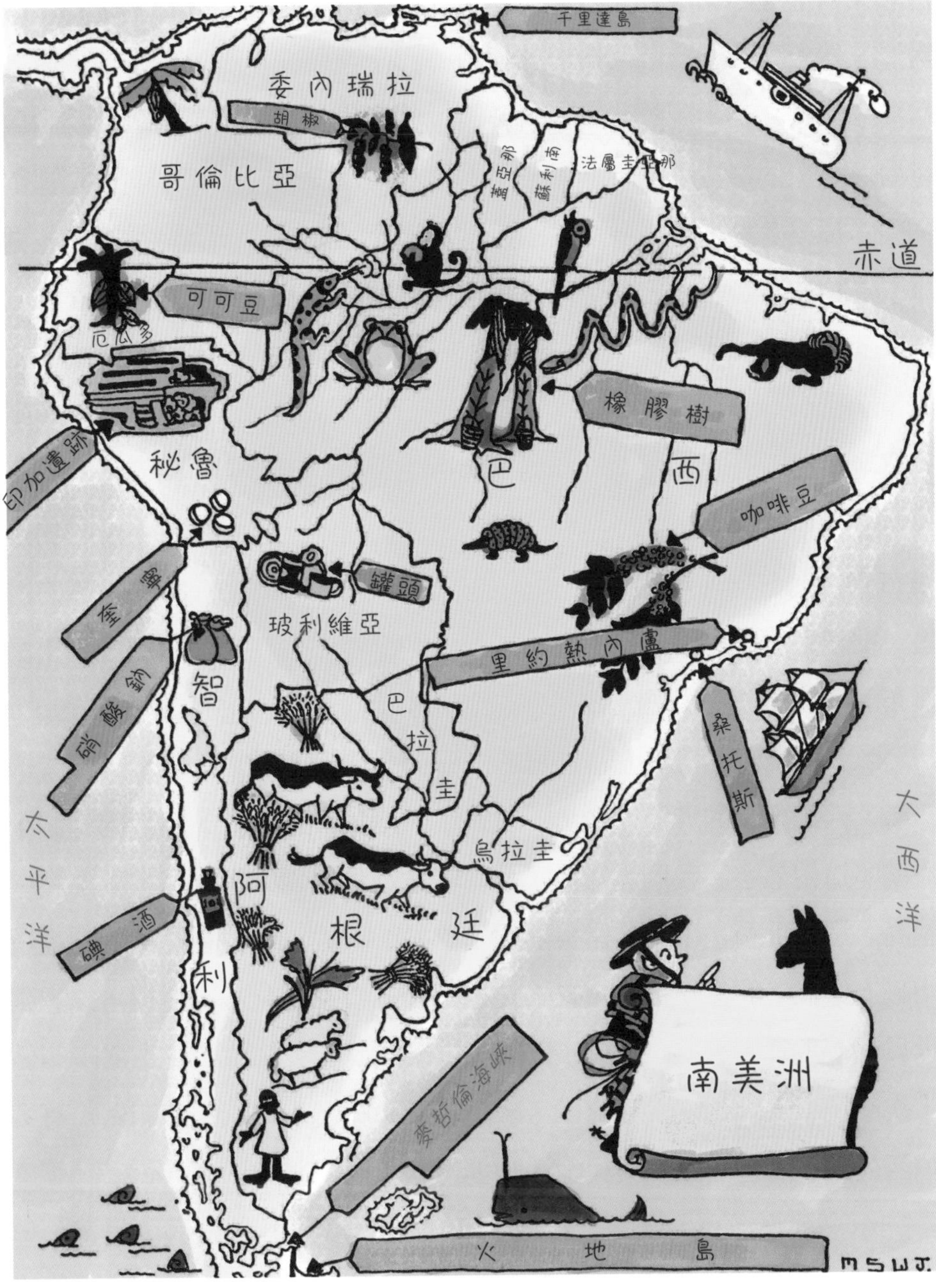
千里達島
委內瑞拉
胡椒
哥倫比亞
蓋亞那
蘇利南
法屬圭亞那
赤道
可可豆
厄瓜多
橡膠樹
印加遺跡
秘魯
巴
西
咖啡豆
金礦
罐頭
玻利維亞
硝酸鈉
智
里約熱內盧
巴
拉
圭
桑托斯
大西洋
太平洋
烏拉圭
阿
根
廷
碘酒
利
南美洲
麥哲倫海峽
火地島
MSWJ.

白人第一次踏上南美洲北部沿海時，發現了與哥倫比亞毗鄰的一個國家。這裡的印地安人是將房屋建在水中的，這讓他們想到了大西洋對岸，義大利的城市威尼斯，威尼斯的房屋也建在水裡。於是他們將這個國家叫做「委內瑞拉」，西班牙語中的意思是「小威尼斯」。委內瑞拉海邊有一個很特別的島嶼——千里達島，島上有一個湖泊，但湖裡卻一點水都沒有。很奇怪吧？其實這個湖盛產柏油，柏油就是這裡的「湖水」。柏油產量豐富，甚至可以將這裡的柏油用船運到美國修補道路。

委內瑞拉東面有個很小的鄰國「蓋亞那」，過去英國、荷蘭、法國曾經反覆爭奪此地，並建立了英屬蓋亞那、法屬圭亞那等殖民地，不過它現在已經成為大英國協中的一個獨立國家「蓋亞那共和國」。

在蓋亞那境內一片荒蕪的廣袤之地上，有一座高度幾乎是尼加拉瀑布五倍的瀑布，叫做「開土爾瀑布」。那個瀑布位處偏僻遙遠的地區，很多人連聽都沒聽過。你可以考考你爸爸，問他有沒有聽過開土爾瀑布。

我們都知道赤道圍繞在地球中央，就像一個胖嘟嘟的人繫著腰帶一樣。西班牙文的赤道叫做「厄瓜多」，南美洲位於赤道附近的一個小國就叫這個名字。我們也知道，通常緯度越低、越靠近赤道，氣溫就會越高，那厄瓜多是不是非常炎熱呢？不是的，厄瓜多位在高高的安地斯山脈上，終年的氣候都涼爽宜人。厄瓜多的首都是基多，這裡可以看到世界最高的兩座火山，不過兩座山的名字都有點奇怪：高的那座叫做「欽波拉索火山」，是死火山，永遠都不會噴發；矮的那座叫做「哥多伯西火山」，是活火山，火山活動仍然非常活躍。

你喜歡吃巧克力嗎？喜歡喝可可嗎？厄瓜多離我們很遠很遠，但我們吃的巧克力和可可大部分都是當地出產的哦！巧克力和可可都是用可可豆做的，可可豆像豌豆一樣，也長在豆莢裡，不過它不是一般的小

巧克力和可可都是用可可豆做的，可可豆像豌豆一樣，也長在豆莢裡。

豆莢，可可豆莢大得像西瓜一樣！它也不是長在樹枝上，而是直接長在可可樹的樹幹上。

厄瓜多的傳統印地安人生性凶殘野蠻，以割取敵人的頭顱為樂。某一家族或部落，不論是想獲得自己想要的東西，或純粹心情不好想打架，都會輕易地和另一個家族或部落大打出手。每殺死一個人，就把那個人的頭顱割下來，帶回家作紀念，就像美洲印地安人會割下敵人的帶髮頭皮作為紀念品或戰利品一樣，並會將收集最多敵人頭顱的人視為偉大的勇士。

他們打鬥時使用的武器不是弓箭，而是吹箭。吹箭的槍管長度和一個人的身高差不多，裡面裝有塗有毒藥的小土球或小飛鏢，在戰鬥或打獵時，隱身在樹叢中，將槍口對準獵物的方向，用力一吹，就可以使中彈的敵人或動物中毒而死。這些野蠻的印地安人捕魚時也不是用魚竿或魚網，而是直接將藥物倒入溪中，讓藥物溶解在水中，將魚毒死，魚屍浮在水面上，他們便下水拾取。當然，水中毒藥的藥性不會危害人體，他們才能吃這些魚。

厄瓜多的印地安人是迄今為止最野蠻的印地安人，而在厄瓜多南部的秘魯，卻住著迄今最開化的印地安人，他們不住在帳篷、棚子或茅

位於秘魯的馬丘比丘，有著當時印加宮殿遺址。

屋中，而是住在宮殿中哦！這些印地安人叫做「印加人」，當時他們的首都是庫斯科。

印加人有自己的文化，還擁有大量的金銀財寶，後來西班牙人來到庫斯科時，發現當地已經在開採金礦和銀礦，便仗著自己有槍砲等武器，輕而易舉地從印加人手中搶走了許多財寶，還強迫印加人開採更多的金礦和銀礦。然而，諷刺的是，當這些強盜般的西班牙人要將搶來的金銀財寶運回國的途中，常常遭到海盜的搶劫，這就是螳螂捕蟬，黃雀在後呀！現在已經很難找到庫斯科的遺址，只能看到一些古老印加宮殿的斷垣殘壁。

許多留在秘魯的西班牙人後來都和印地安婦女通婚了，所以現在秘魯有很多西班牙人和印地安人的混血人種。

秘魯現在的首都是利馬。有一種食用豆叫利馬豆，不過這種豆子並不產於利馬，這裡產的是另外一種東西：可以製成藥物的植物。當地的印地安人早就發現，將某種樹的樹皮加水、燉爛之後喝下肚，可以袪熱退燒。白人來到秘魯後，發現這種方法效果很好，也跟著喝這種水治療發燒症狀，後來將樹皮收集起來，出口到其他國家，用於生產退燒藥，這就是我們吃的藥物「奎寧」。

在美國，我們都用火車或汽車等交通工具運送貨物。而在安地斯山脈地區的人，卻用一種叫做駱馬的動物運送貨物。駱馬長得很像駱駝，但沒有駝峰。

你知道西蒙·玻利華這個人嗎？可能沒聽說過吧？但幾乎每個南美洲的孩子都知道西蒙·玻利華，就像美國的孩子都知道喬治·華盛頓一樣。事實上，西蒙·玻利華常被稱作「南美洲的喬治·華盛頓」，接下來就讓我來告訴你為什麼。

就像英國曾經擁有十三個殖民地那樣，西班牙也曾經擁有很多殖

西蒙·玻利華被稱為南美洲的「喬治·華盛頓」。

民地，南美洲很多地方以前都是西班牙的殖民地。西蒙·玻利華是委內瑞拉人，他一直都認為，和其他殖民主義國家一樣，西班牙只會無情地壓榨殖民地，他很想改變這個狀況。玻利華去過美國，知道美國曾經是英國的殖民地，在喬治·華盛頓領導革命勝利後，才成為獨立的國家。玻利華回國後，便致力於革命計畫，希望委內瑞拉和其他幾個南美洲國家能脫離西班牙的殖民統治。

當然，統治者最不喜歡被人反抗了，就想要把玻利華抓起來。他只能不斷逃亡，生活困苦。每當找到機會，就馬上回南美洲繼續領導革命。經過艱辛的奮鬥，革命終於取得了勝利，五個南美洲國家脫離了西班牙的殖民統治，成為獨立的國家。玻利華去世後，其中一個國家把國名從「上秘魯」改成「玻利維亞」，以紀念這個偉大的人物。

玻利維亞是個內陸國，沒有靠海的地方；世界上大部分的「錫」都是產於這裡。不過我們平時用的錫鍋和錫罐都不是用純錫做的，而是鐵做的，並在外面塗上一層錫。如果全部用純錫製作，價格太高了；但鐵鍋和鐵罐很容易生鏽，無法裝盛食物，所以必須鍍錫。鍋子用久了，外層的錫掉了的話，容器失去保護，便會生鏽。

玻利維亞和秘魯之間有一個大湖，名字很有趣，叫「的的喀喀湖」，唸起來像每個人都結巴了一樣。全世界上，與的的喀喀湖差不多大小的湖泊中，它的海拔最高。我曾經在家裡的地窖中做過一個小艇，做完後發現船身太大，根本就沒辦法拿出家門，只好把它拆掉，一小片一小片拿到外面再重新組裝。如果有人想把汽船搬到的的喀喀湖上航行的話，也只能先購買汽船的零件，再組裝起來使用，因為它實在太高了，很難把整艘船運上去。

大小相似的湖泊中，的的喀喀湖的海拔最高（拍攝者為 Anthony Lacoste from 維基百科）。

校長爺爺小叮嚀

1. 安地斯山脈貫穿整個南美洲。
2. 哥倫比亞這個國家是根據發現新大陸的哥倫布而命名。
3. 玻利維亞是南美洲的內陸國（四周皆不靠海），盛產「錫」礦。

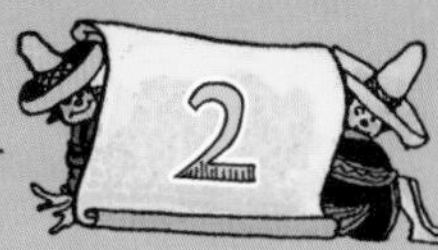

巴西

橡膠之都，咖啡之國

巴西小檔案

英文名稱：Brasil
總面積：800萬平方公里
人口數：2億多人
首都：巴西利亞
最大城市：聖保羅
貨幣：巴西雷亞爾
語言：葡萄牙語
主要農產：橡膠、咖啡、可可豆

有一個成語「高山流水」，意為知音難遇，也比喻音樂美妙。就字面上而言，這個詞語也很有道理，要有高山，才會有河流，如果陸地平坦得像桌子一樣，地球上就不會有河流了。從安地斯山脈流下的水，形成了世界上最廣闊的河流——亞馬遜河。它的河面極寬，當你站在河的一邊，完全看不到對岸。從地圖上看，亞馬遜河就像枝條繁茂的藤蔓植物，擁有眾多支流，向海洋中注入大量的水。

如果洗澡的時候讓水一直開著，浴缸中的水一定會滿出來，浴室就會淹水。可是所有寬大的河流最後不都是匯入海洋嗎，為什麼海洋中的水不會滿出來呢？那是因為**地球有一個很棒的循環系統：海洋中的水受到太陽照射會變成水蒸氣，不斷蒸發，上升到空氣中，變成雲朵；**

雲朵隨著風來到陸地上空，又會受天氣影響凝結成雨水，降到地面；大部分落下的雨水會被樹木和其他植物吸收，其他的則流入河中，然後河流又將水匯入海洋。這樣反覆的循環，讓地球上的水不會增加也不會減少，只是以不同的狀態，存在於不同的地方。

安地斯山脈位於太平洋沿岸，南北延伸。山脈左側沒有大型的河流，右側所有大河流都向東流，匯入大西洋中。

亞馬遜河流經南美洲最大的國家——巴西。這個國家的名字起源於當地一種叫「巴西紅木」的樹木，可以用於製造染料。不過，如果是以出產的數目來命名，巴西更應該叫做「橡膠」或「咖啡」，因為這裡的橡膠樹和咖啡樹數量，比巴西紅木還多。

亞馬遜河附近的地區是樹林、叢林和沼澤組成的熱帶雨林，這裡完全天然、原始，氣候炎熱潮溼，不適合人類居住，但很適合植物生長。當地的植物生長迅速，像故事《傑克與魔豆》中的魔豆一樣，植被繁茂雜蕪，人很難在其中穿行，而且很多植物大得驚人。你見過葉子大得像圓桌一樣的睡蓮嗎？你會在那裡看到這個誇張的景象。

熱帶雨林中住著許多野生動物，人類卻很稀少，只有一些印地安人在那裡居住。雨林中有很多與街頭賣藝者搭檔的那種猴子；有各種各樣的鸚鵡，有時行經此地的船員會抓幾隻鸚鵡，教牠們說話，帶牠們上船，把牠們送到世界各地；有色彩斑斕的蝴蝶和飛蛾，可以製作標本。那裡有一種叫「紅尾蚺」的巨蟒，當牠纏繞在樹上時，看起來像一根粗壯的樹藤，當沒有戒心的動物靠近時，紅尾蚺就纏住牠的獵物，越纏越緊，直到動物窒息而亡，再把獵物囫圇吞棗似地整個吞下去。飽餐一頓後，紅尾蚺就開始呼呼大睡，睡上一個星期，甚至一個月，直到食物消化完畢，才重新捕食。還有一種動物，腳趾勾在樹枝上倒掛著，連睡覺都是頭朝下睡的，就像吊掛在單槓上那樣。

樹懶的行動非常遲緩，看上去懶懶的。

這種動物行動非常遲緩，看上去懶懶的，好像一動也不動，隨時都在睡覺，我們把這種動物叫做「樹懶」。沼澤附近有一種巨型牛蛙，牠的叫聲響如獅吼，十分驚人。那裡還有傳播瘧疾的鄉村蚊子。

你可能會問：「有那麼多恐怖的野生動物，為什麼還有人會去熱帶雨林呢？」其實很多人去那裡是為了捕獵野生動物，供動物園和博物館使用，畢竟這些動物是別的地方看不到的呀！還有一個更重要的原因，是去收集一種樹的汁液。

白人剛到亞馬遜河流域時，發現當地印地安人有一種玩具，是具有極強彈性的球，能不斷在地上蹦蹦跳跳。白人從來沒看過這樣的球，很想這是什麼東西做的。打聽之下，知道它是來自一種樹的汁液。聰明的白人馬上就有了好主意，覺得可以用這種汁液製作各種各樣的球，如嬰兒玩的小球、網球、高爾夫球等等，創造商機。

這種樹汁就是橡膠，我們可以用橡膠做橡皮、輪胎、膠帶和膠鞋等等用品。透過不同的處理方法，可以將橡膠製成不同質地，如軟橡膠、硬橡膠、吸力橡膠和彈力橡膠。就像廚師使用不同的烹飪方法，就能將食糖做成太妃糖、橡皮糖和焦糖牛奶糖一樣。

橡膠工人在熱帶雨林中穿梭，尋找橡膠樹。一旦找到橡膠樹，就在樹幹上刻一個凹槽，下方掛一個杯子，接住凹槽中流出的橡膠汁液。有時候你不小心割破手指，傷口會流血不是嗎？橡膠樹樹皮被割破後，則會流出汁液。一段時間後，橡膠工人就把各個杯中的橡膠樹汁集中到桶子裡，帶回住處。當他有足夠的橡膠汁液，就會把汁液澆到一根木棒上，放到火上烤乾，然後反覆進行這個作業。很快的，木棒上就會有很大一團烤乾的橡膠。工人把一團團的橡膠裝上獨木舟，運到亞馬遜河，再由大船運送到世界各國。

巴西還出產一樣很有名的東西，幾乎每個美國家庭早餐時都會喝到的。動動你的腦筋，猜猜看是什麼？對了，就是咖啡！咖啡樹不像橡膠樹是野生的，而是人工種植的。**以前巴西沒有咖啡樹，是大洋彼岸的白人將咖啡帶過來，在此種植後，才開始生產的。**最早在巴西種植咖啡的白人發現，巴

爸爸早餐喝的咖啡，就是來自巴西。

西海邊高地的土壤和氣候非常適合咖啡樹生長，便在此大規模地種植這種作物。**現在巴西的咖啡產量是全世界最多的。**

咖啡樹很矮小，樹上會結出形似櫻桃的咖啡果，每個咖啡果裡有兩顆種子，這個種子就是我們常說的咖啡豆。將咖啡豆烤熟後磨成粉，就能沖泡咖啡了。

很久很久以前，有個人沿著巴西的海岸航行。正好就在元旦那天，他來到一個看上去很像河口的地方，於是他就將這個地方命名為「里約熱內盧」，意思是「一月的河流」。其實那裡並沒有河流，不過後來發展成一個城市後，仍然使用這個名字。在里約熱內盧港，有一塊巨大的石頭叫做「甜麵包山」。從海上遠眺里約熱內盧，城市後方的山脈看起來很像正在睡覺的巨人，於是人們就把這些山脈叫做「沉睡的巨人」。

除了里約熱內盧，還有一個地方也盛產咖啡，就是里約熱內盧南部的桑托斯。你爸爸每天喝的咖啡很有可能就是里約熱內盧或桑托斯出產的哦。

咖啡、可可、錫罐、柏油路，還有橡膠輪胎，都和巴西有關。如果這些東西都像童話故事中的角色，會開口講話的話，你就可以聽它們講很多關於巴西的有趣故事了。

!重點複習

❶ 世界流域最廣闊的河流——亞馬遜河。

❷ 南美洲最大的國家——巴西，它的名字起源於當地樹木「巴西紅木」。

❸ 巴西盛產早餐都會喝的咖啡與製作球類的橡膠。

阿根廷與智利

銀子之都與狹長之國

阿根廷

智利

阿根廷與智利小檔案

英文名稱：Argentina、Chile
總面積：353萬平方公里
人口數：6000多萬人
首都：布宜諾斯艾利斯、聖地亞哥
最大城市：布宜諾斯艾利斯
貨幣：阿根廷比索、智利比索
語言：西班牙語
主要農產：葡萄、豆類、小麥、玉米

小嬰兒出生的時候，大人會幫他取名，很多名字都有寓意。不過有些人長大後，名字似乎與自身不太相稱。比如說，「查爾斯」意為「強壯」，但叫查爾斯的人長大後不一定都體格壯碩；「露絲」意為「美麗」，但叫露絲的人長大後不一定都美若天仙。反正名字不能代表什麼。

最早抵達南美洲的白人來到巴西南邊時，看到當地的印地安人都戴著銀手鐲和銀項鏈，就認為那裡肯定有很多銀礦，於是就將這個國家叫做「阿根廷」，這名字在西班牙語中的意思是「銀子之都」。後來他們才發現阿根廷的銀礦資源很少，跟名字不相符，不過我們仍然沿用這個名字。就像有的人長大後，成為與名字寓意並不相稱的大人，但名字仍然不會變。

雖然銀礦資源很少，阿根廷卻是個富饒之地，透過外銷小麥和肉類，賺了很多錢。現在看來，以當初西班牙人取名字的方法，阿根廷似乎應該叫做「小麥之都」或「肉類之都」，當然，這兩個名字都沒有「銀子之都」好聽。

阿根廷有寬闊的農場，種植小麥和玉米，還有一望無垠的大草原，放養牛、羊等牲畜。美國人稱放牧牛羊的人為「牛仔」，阿根廷人則稱他們為「高卓牧人」（Gaucho）。高卓牧人身穿南美披風，在草原上趕著牛羊生活。這種披風就像一條方形的毯子，中間開個洞，頭從洞裡伸出來。白天，披風是身上的衣服，晚上則可以當作毯子。牧人會隨身攜帶一把大大的刀，除了作為防身武器外，也是砍東西、切食物的好工具。他們用玉米餵養牲畜，銷售肉類賺錢；牛皮可以做皮革，羊毛則能織成布，也都是錢財的來源。

身穿南美披風的安卓高人。

阿根廷在很多方面都和美國很像，所以被稱作「南美洲的美國」。比如說，在氣候方面，阿根廷和美國都四季分明，有炎熱的夏季，也有寒冷的冬季。不過有一點不同：阿根廷冬天的時候，美國是夏天；而他們夏天的時候，美國則是冬天。因為阿根廷位於南半球，而美國位於北半球。耶誕節時，阿根廷是炎炎夏日，七、八月則是一片皚皚白雪的景象；一、二月時百花齊放，人們必須避暑度假，七、八月則可以享受滑雪的樂趣。

我們都知道紐約是北美洲最大的城市，阿根廷的首都則是南美洲最大的城市，名為「布宜諾斯艾利斯」，西班牙語的意思是「清新的空氣」。布宜諾斯艾利斯位於拉普拉塔河邊，「拉普拉塔」在西班牙語中是「銀子」的意思。很有趣吧？「銀子之都」旁邊就有一條「銀子之河」。

在南美洲的多數國家中，印地安人以及印地安人與白人混血人種的數量都比白人多，但在阿根廷卻以白人為主，這也是阿根廷與美國相似的一點。不過阿根廷的白人大部分是西班牙裔，說的是西班牙語。

從阿根廷沿著拉普拉塔河順流而上，可以看見兩個很小的國家擠在幾個大國之間：烏拉圭和巴拉圭。這兩個國家和阿根廷也有相似之處，都放養牛羊，都有穿著南美披風的高卓牧人。巴拉圭有一種樹，樹葉可以泡茶喝，叫做巴拉圭茶（也稱為瑪黛茶）。這種茶是高卓牧人的主要飲料，南美洲許多人都很喜歡喝。南美洲當地人覺得應該把這種美味的飲料推薦給其他人，曾想將它出口到別的國家，但大家都喜歡咖啡或普通的茶，對巴拉圭茶一點興趣都沒有。有時候，大人和小孩一樣，只挑自己喜歡的東西來吃，不喜歡的就不吃。比如很多美國人喜歡喝蘇打水，但其他國家的人卻不喜歡，大家都有口味上的差異。

安地斯山脈是阿根廷與太平洋沿岸的另一個國家──「智利」的天然國界。

智利國土狹長，被稱作「狹長之國」。智利意為「白雪的國度」，因為這個國家的大部分地區是高聳的山地，山頂常年白雪覆蓋。

雖然中間隔著安地斯山脈，但是智利和阿根廷兩國以前曾發生過戰爭，後來他們像美國和加拿大那樣，達成協議，同意維持和平，不再

在耶穌腳下，智利與阿根廷莊嚴發誓：兩國永不交戰。

交戰。兩國將金屬武器熔化，做成一個巨大的耶穌銅像，手中拿著一個十字架，底座上寫著：「除非安地斯山脈塌了，否則智利和阿根廷永不交戰。兩國在耶穌腳底起誓。」從此，兩國之間再也沒有發生過戰爭。原來，用那麼簡單的方法就能讓兩國停戰，為什麼其他國家和地區不這麼做呢？

你可能會想，智利的國土那麼狹長，又有很多山地，應該很貧窮吧？事實上並非如此，智利也很富裕。智利北部有一片沙漠，那裡可能十年都不會下一滴雨，十分乾旱，但卻是全世界最富裕的地區之一。很奇怪吧？這怎麼可能呢？那裡既不能種植作物，又不能放養動物，也沒有金銀財寶，怎麼會那麼富裕呢？因為那裡有一種你可能從來沒聽說過的東西，叫做「硝酸鈉」。以前，硝酸鈉是只能在海裡找到的鹽，它會那麼寶貴，是因為世界各地都需要它。它的作用很重要，比如將硝酸鈉灑在田裡，莊稼才能長得好。你可能又有疑問：既然對莊稼那麼好，為什麼智利北部沒有作物呢？因為作物不能只靠營養的土壤就能生長，還需要充足的水分，而那裡幾乎不下雨啊！也幸虧那裡沒有雨水，不然硝酸鈉就會溶化，沒辦法開採了。這片沙漠的形狀像一條細長的溝渠，很久很久以前是處在海底的，後來發生地震，這部分的海底隆起，形成了陸地。海水不斷蒸發，留下硝酸鈉，滋養現在的大地。

「碘」也產於智利。你知道這個東西吧？你在外面玩的時候不小心受傷了，回家後媽媽會在你的傷口上塗一種褐色的東西來消毒，這個東西就是碘酒，裡面就含有碘。

智利有個山谷叫「天堂之谷」，西班牙語叫做「瓦爾帕萊索」。這裡是智利的一個海港，風景不漂亮，氣候也不宜人，和我們想像中的「天堂」截然不同，我還真不明白當初為什麼要叫它「天堂之谷」。

智利的首都是聖地牙哥，意為「聖雅各」。這個城市位於山上，氣候涼爽宜人。

前面說過，哥倫布想要航海環遊全世界的夢想沒有實現，第一個成功環遊全世界的人叫麥哲倫。麥哲倫和哥倫布一樣，也是往西出發，一直往前航行，直到美洲大陸擋住前進的去路。後來，他沿著南美洲行駛，希望能找到通往太平洋的通道。他經過亞馬遜河，以為這裡是條捷徑，但失敗了；又經過拉普拉塔河，但也沒有成功。最後，他幾乎航行到南美洲最南端的地方，終於找到一個通往太平洋的通道。這條通道蜿蜒曲折，就是我們所說的海峽。為紀念麥哲倫，這個海峽就叫「麥哲倫海峽」。

麥哲倫是第一個成功環遊全世界的人。

行經這條海峽時，麥哲倫看到左邊的陸地上冒著熊熊大火，沒有人知道那到底是火山爆發引發的大火，還是當地印地安人點燃的大火。總之，他將那個地方命名為「火地島」，意為「大火燃燒的土地」。而在他右邊的陸地，就是現在阿根廷的南部地區，那裡的印地安人腳很大，他就把這些人叫做「巴塔哥尼亞人」，意為「大腳人」。

幾百年來，船隻都沿著麥哲倫走過的路線航行。當然也有船隻選擇直接繞過南美洲最南端的「合恩角」，不過那裡經常有猛烈的暴風雨，沿途又很危險，所以大多數船隻還是選擇經過麥哲倫海峽。

從大西洋繞過南美洲到太平洋，要經過一段漫長的航程，海峽附近沒有地方可以提供物資，於是海峽旁就興起了一個小鎮「蓬塔阿雷納斯」（Punta Arenas），意為「沙地」，它就像公路旁的汽車加油站為車輛提供汽油和食物一樣，為來往船隻提供繼續航海所需的物資。蓬塔阿雷納斯是全世界最南邊的城鎮哦！現在大部分船隻都經由巴拿馬運河，往返於大西洋和太平洋，蓬塔阿雷納斯的生意冷清了許多，於是當地興起了另一種生意：在火地島放養綿羊，將剪下的羊毛從蓬塔阿雷納斯運到世界各地出售。

校長爺爺小叮嚀

❶ 阿根廷四季分明、有炎熱的夏天，與美國相當類似，因此又稱為「南美洲的美國」。

❷ 智利盛產硝酸鈉，也就是「鹽」的一種，還有消毒傷口用的「碘」。

❸ 為了紀念第一個環繞地球的人，因此南美洲底部的海峽便以此人的名字來命名，也就是「麥哲倫海峽」。

動動腦，想想看！

看了這麼多有趣的南美洲故事，讓我們看看你知不知道這些問題的答案吧！

Q1 貫穿南美洲的，是哪座山脈呢？

Q2 全世界流域最寬廣的河流是哪一條河？

Q3 第一個成功環遊世界的人是？

檢查看看，你答對了嗎？

A1 安地斯山脈。

A2 亞馬遜河。

A3 麥哲倫。

這些問題你都答對了嗎？

答對了，請繼續跟著校長爺爺，一起探索西歐的故事吧！

答錯了別灰心，翻回前面，讓校長爺爺重新告訴你世界的故事！

西歐

歐洲的文化中心

你知道大笨鐘嗎？你聽過艾菲爾鐵塔嗎？這些地方都在我們接下來要介紹的地區——西歐。

通常，我們提到歐洲時，會將整個歐洲畫為幾個主要區域，靠近西邊的地區，我們就通稱為「西歐」。西歐土地就占了整個歐洲將近一半的大小，比起美洲地區，西歐的歷史更加悠久，有許多古代的建築物與藝術品，是歐洲相當重要的文化重心。

西歐小檔案

總面積：500 萬平方公里
人口數：3 億 9 千多萬人
主要國家：英國、愛爾蘭、荷蘭、比利時、法國

歐洲
Europe
北美洲
North America
大西洋
Atlantic Ocean
著名的作家威廉・莎士比亞也是英國人。
法國首都巴黎被公認為世界最美的城市。

北冰洋
Arctic Ocean
英國其實是由英格蘭、蘇格蘭、威爾斯，以及北愛爾蘭所組成。
荷蘭是全歐洲地勢最低的國家，需要建造堤壩來阻擋海水，並且利用風車將堤壩內的海水排出，才不會淹水。
亞洲
Asia
歐洲
Europe
法國種植了許多葡萄，用來釀造大量的葡萄酒。
非洲
Africa

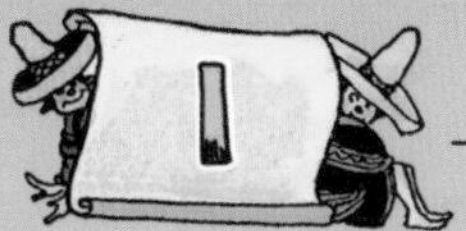

大西洋

從美洲旅行到歐洲

大西洋是世界第二大洋，僅次於太平洋，
左鄰美洲地區，右臨歐洲地區，是連接歐洲與美洲的重要海洋。
哥倫布由西班牙出發前往尋找新大陸時，
就是乘船穿越大西洋，到達美洲。

假如要去歐洲，除了船票或機票、行李外，還要帶兩樣東西。猜猜看是哪兩樣呢？首先，要帶足夠的錢。當然，不能帶美金去，那裡使用的不是美金，必須帶目的地國家使用的錢才能買東西。另一樣東西是護照。護照像一本薄薄、小小的書，上面貼著你的照片，還有幾頁寫著個人的資訊。有了護照，才能獲准進入另一個國家，而且只有拿著自己的護照才有用。沒有護照的話，就上不了船或飛機，也不能進入別的國家。

若你從「新大陸」最大的城市「紐約」出發，要到「舊大陸」最大的城市「倫敦」，要在大西洋上航行四千八百多公里。

哥倫布從歐洲出發，在大西洋上航行了整整一個月，才抵達美洲。現在若是坐船，大概一個禮拜就到了。坐飛機的話，不到一天就到了！

有一樣東西，速度比飛機還快，每天都會從倫敦跑到紐約，而且從不誤點。是什麼東西呢？太陽。太陽每天都會從倫敦照到紐約，只需要五個小時。

倫敦人把太陽掛在天空正中央的時候，設定為中午十二點，也就是我們所說的正午。五個小時後，紐約人也會看到太陽掛在天空中央，也把時間設定在中午十二點。太陽穿越大西洋時，倫敦所有的鐘錶都在滴滴答答地走，紐約那邊中午十二點的時候，倫敦已經是下午五點了。倫敦所有的鐘錶都比紐約的快五個小時。這就是我們所說的時差。

如果你要從紐約坐船去倫敦的話，出發時你必須把手錶調快五個小時，這樣你到了倫敦後才能和當地時間相同。同樣，回來紐約時又要把時間調慢五個小時。如果你在紐約的上午十點打電話到倫敦，問對方

什麼東西穿越海洋只需五小時，而且天天如此呢？

那裡是幾點的話，對方一定會告訴你是下午三點。兩地的時差是不變的，紐約和倫敦就是固定差五個小時。（編註：台北和倫敦的時差是八個小時，不過是台北比倫敦「快」八小時。）

航海船隻上的鐘看起來和我們家裡的沒什麼不同，敲鐘的方式卻不一樣。一般而言，家裡的鐘一點的時候會敲一下，兩點的時候敲兩下，以此類推，最多敲十二下。船上的鐘則是在一點時敲兩下，兩點時敲四下，以此類推，到了四點時敲八下，並會在每個半點多敲一下。過了四點，則又開始重複剛才的過程，四點半敲一下，五點敲兩下，五點半敲三下，六點敲四下……永遠都不會超過八下。

我們通常在白天去上學或工作，晚上則休息、睡覺，但航海中的船隻不分日夜地行駛前進，沒有停下來休息的時候，所以船員必須輪流值班，負責船上不同的工作。有人負責引擎，有人掌舵，還有人專門負責查看周圍的環境，確保不會撞上別的船隻。

你可能會問：「從紐約前往倫敦的途中，只能看到一望無際的大海，有時還有洶湧的波浪和濃厚的霧氣，船長怎麼知道航行方向對不對呢？」

在船的方向盤前面，有一個盒子，盒子裡有一根小小的指標。無論船如何起伏顛簸，指標始終都指著同一個方向。這就是我們所說的指南針。你們都知道磁鐵吧？一塊小小的磁鐵就能吸起小細針和小圖釘。地球北極的某個地區就像一塊巨大的磁鐵，地球上所有的指南針在磁力的作用下，都會指向這個地區。我們把這樣的地區叫做磁極。

靠著指南針指示方向，船長就知道如何前往英國。當然他不能順著指針的方向走，否則就會一直向北，走到北極去了。

天氣好的時候，船上的乘客能享受快樂的時光，有人在玩遊戲，有人在跳舞，有人在拍照，有人在寫信和明信片，也有人在看書。乘客

利用指南針，船長就知道船要開往哪個方向！

一天吃五餐，可以躺在甲板的躺椅上，蓋著毯子曬曬太陽，也可以悠閒地眺望寬闊的大海，或愜意地聊聊天、閉目養神。有時你會看到海豚從海裡躍起，又跳入水中，濺起漂亮的水花。牠們有時候會跟著船往前游，有時候會游到船的前方，像在和船比賽誰游得快。你也可能會看到海面上浮著巨大的冰塊，體積比船大很多倍，那就是我們所說的冰山。或者你還能看到像小島一樣大的鯨魚浮出海面，噴出一股大大的水柱，又潛入水中。

當海面沒有風浪，平靜得像一面鏡子，這時候的大西洋被稱作「大池塘」。不過一旦颳起大風，下起大雨，海面就會波濤洶湧，船隻隨著風浪上下顛簸，左右搖晃，有人還會暈船。吃飯的時候必須將盤子固定在桌上，盤子才不會掉到地上摔破。船沖過一個巨浪，又得對付迎面而來的另一個巨浪，讓人覺得好像會翻船一樣。別擔心，除非船撞上冰山

✫ 如果想要到從美國旅行到歐洲，就必須坐船或是飛機穿越大西洋。

NORTH CAPE
西伯利亞
瑞
芬
蘭
拉多加湖
俄
莫斯科
羅
斯
窩瓦河
華沙
波蘭
基輔
洛伐克
利
羅馬尼亞
斯拉夫
保加利亞
黑海
裏
海
巴統
巴庫
伊斯坦堡
亞洲
雅典

海鷗成群地飛來，
告訴船員：快到陸
地啦！

或其他船隻，造成船身破裂，否則無論風浪多大，都不會翻船。

船長不僅必須擔心巨大的風浪，還得擔心海上的濃霧。一旦出現濃霧，就會難以辨認附近是否有其他船隻，這時最容易發生相撞事故。就像在伸手不見五指的夜晚，你摸黑找路的時候，一定也很害怕吧！每當碰上濃霧，船長就會把船的速度放得很慢很慢，並每分鐘用發條控制，鳴一次船上的大喇叭，直到濃霧散盡。有時濃霧會持續好幾天不散去，這時船員會跑到船舷上，側耳傾聽周圍的聲音，仔細查看附近的環境，判斷狀況。他們可以聽到遠處其他船隻的喇叭聲，但只有兩條船隔得比較近的時候，才能看清楚對方。

想要在沒看到陸地前就知道快到陸地了，可以用什麼方法呢？就是海鷗啦！海鷗聰明得很，牠們知道船上廚房倒出來的垃圾中有好吃的東西可以搶食，不必叫牠們，牠們就會從岸邊成群地飛過來。只要看到附近有海鷗盤旋，就能知道快出現陸地了。

著陸前，會有一個人坐著小船駛近我們的大船。大船繼續行駛，從側面放下一架用繩子做的梯子，那個人就抓住梯子，爬上大船。他究竟是來幹什麼的呢？為什麼要特地上船呢？這個人是「引水人」，負責將大船開進港口。大船的體積過於龐大，不能隨便靠岸，必須由幾條小拖船牽引著進入港口。大船靠岸後，就會放下一座步橋，連接碼頭和甲板，讓乘客由步橋上岸。

英國人也說英文，不過跟美式英文還是有點差別的，他們說的英語聽起來有點奇怪，而他們聽我們說的英語也會覺得有點可笑。英國人覺得美國人說的英語帶著「美國口音」，我們也覺得他們的英語有「英國腔」。

上岸後，必須出示護照，打開行李，通過岸上的檢查，才能去別的地方。我們把負責檢查護照和行李的人叫做海關人員，行李必須符合要求，海關人員才會放行，有些行李還得另外繳納關稅。

！校長爺爺小叮嚀

1. 指南針會指出地球南北兩極的方向，引領船長航行。
2. 想知道船是否已經靠近陸地，可以看看是否可以看到海鷗在一旁飛翔。
3. 船隻著陸前，會有一個人乘坐小船上到大船上，負責將大船開進港口，他也被稱作「引水人」。

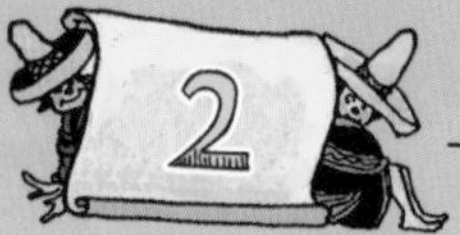

英國（1）

盎格魯人居住的島國

英國小檔案

英文名稱： United Kingdom of Great Britain and Northern Ireland
總面積： 24 萬平方公里
人口數： 6500 多萬人
首都： 倫敦
最大城市： 倫敦
貨幣： 英鎊
語言： 英語
主要礦產： 煤炭、鐵礦

英格蘭是一個島國，島名叫「大不列顛島」。盎格魯人曾經住在這個島上，所以這裡原本叫做盎格魯人之國，後來才開始使用「英格蘭」這個名字。

其實這裡還有兩個國家，分別是威爾斯和蘇格蘭。附近還有一個島，島上的國家叫愛爾蘭。後來，英格蘭、威爾斯和蘇格蘭，以及愛爾蘭島的北邊一小部分聯合起來，成立了「大不列顛及北愛爾蘭聯合王國」，就是現在的英國。

前往英國的船隻不能隨便找地方靠岸，這裡有些地方海水太淺，靠岸時可能會擱淺甚至翻船，有些地方的岸邊有很多岩石，有些地方甚至有著很高的懸崖。大部分的人都會從西邊的利物浦或南部地區的南安普敦上岸，也有人會從東邊的倫敦上岸。在倫敦靠岸的船隻都會經過泰晤士河，但大型船隻最遠只能開到倫敦橋。你有沒有玩過「倫敦鐵橋垮下來」這個遊戲？倫敦橋確實垮過幾次，每次都會重建。我覺得現在這座倫敦橋應該夠堅固，不會再垮了。

耶穌誕生時，倫敦城就存在了。當時的倫敦很小，又離耶路撒冷很遙遠，耶穌根本就沒聽說過這個地方。但這麼多年過去，現在的倫敦已經發展成全世界的大城市之一。

前面說過，紐約到處都是高樓大廈，是個「高聳」的城市，有的樓房直沖雲霄，有五十層的，有七十層的，還有一百層的。倫敦的大樓普遍比較低矮，但城市的範圍非常大。倫敦人平時乘坐雙層巴士移動，這種交通工具的車內和車頂都有座位。他們也會像我們一樣乘坐地鐵。

現在的倫敦橋。

大笨鐘每個鐘頭報時一次。

倫敦是英國的首都，英國的「國會大廈」就在倫敦，叫做「議院」，意思是「討論問題的場所」。英國人不但在議院中討論問題，還制定英國的法律。英國由國王統治，法律由議院制定。我在美國的國會大廈附近住了很多年，每天都會看到這棟建築，所以我一直認為所有的國會大廈都應該有著圓頂，第一次看到沒有圓頂的英國議會廳時，我竟然覺得非常奇怪。英國議會大廳的屋頂只有方形的鐘塔，鐘塔上有一口大鐘，叫「大笨鐘」。

倫敦還有一棟著名的建築「聖保羅大教堂」，它就像美國的國會大廈一樣有圓頂。事實上，據說華盛頓的國會大廈就是仿照聖保羅大教堂建造的。這座建築建成時，世界上還沒有華盛頓國會大廈，也沒有華盛頓這個人，甚至連美國這個國家都不存在。

倫敦城發生過一場大火，幾乎摧毀了整個城市。現在的人仍對那場「倫敦大火」心有餘悸。後來有個叫克里斯多夫·雷恩的人出錢重建被燒燬的大部分地方，建造許多漂亮的教堂和其他建築，使重建後的倫敦變得更加漂亮。因此，有人說，從這點來看，那場大火或許是件好事呢。聖保羅教堂就是克里斯多夫·雷恩建造的教堂之一。

第二次世界大戰期間，德國軍隊的飛機向倫敦投擲了許多炸彈，

聖保羅大教堂有著和華盛頓國會大廈一樣的圓頂。

成千上萬的建築毀於砲火，包括很多雷恩出錢建造的教堂和其他建築。幸虧他建造的建築數量很多，仍有一些倖免於難。倫敦人把德軍的轟炸叫做「閃電式空襲」，空襲和那場大火一樣，都讓倫敦人難忘，但沒有一個人會說空襲是好事，戰爭實在有百害而無一利。唯一正面的影響可能是：面對恐怖的炸彈，倫敦人表現出了非凡的勇氣。

倫敦還有一座著名的「西敏寺教堂」，這就不是雷恩出錢建造的了。西敏寺教堂不只是個教堂，它還是許多名人的墓地。這裡安息著許多著名的英國人，有國王、王后，還有偉大的作家、詩人、音樂家和士兵。第一次世界大戰結束後，英國人將一名在法國戰場上犧牲的無名士兵安葬在這個教堂內，紀念那些為人類偉大事業而犧牲的無名英雄。後來那個地方就叫做「無名戰士紀念碑」。

西敏寺教堂中有一把椅子，叫做「加冕椅」，英國國王加冕時就坐在這把椅子上。椅子下面有一塊巨大的石頭。為什麼要放石頭呢？那是因為在幾百年前，英格蘭北部的蘇格蘭是獨立的，蘇格蘭國王加冕時就坐在一塊大石頭上。後來，蘇格蘭和英格蘭合併為同一個國家，人們就把那塊石頭帶到英格蘭，放在加冕椅下，共同接受加冕。

加冕椅

國王同時坐在兩把椅子上：一把是上面的加冕椅，一把是椅子下面的大石頭。

倫敦最古老的建築建於大火之前，名叫「倫敦塔」，聽起來像某棟建築的一部分吧？很久以前，倫敦塔是座監獄，關押許多著名的人物，包括一些英格蘭的王子和女王，他們有的後來被判處死刑。

現在的倫敦塔是一座博物館，收藏許多罕見物品，如古早時士兵穿的盔甲、馬匹和狗使用的盔甲、砍頭用的墊頭木和斧頭、國王皇冠上的珠寶等等。有的鑽石和紅寶石就跟核桃一樣大！女王的皇冠就放在白色的綢緞枕頭上，上面點綴著珠寶和一顆巨大的鑽石。這顆鑽石還有名字呢，它叫「科依諾爾鑽石」，意為「光明之山」。傳說若是男性持有這顆鑽石，就會厄運連連，所以這顆鑽石就鑲嵌在女王的皇冠上，由最尊貴的女性擁有。

守護倫敦塔的衛兵叫做「英國皇家禁衛軍」，一旦有人對寶物有

守護倫敦塔的衛兵被稱為「英國皇家禁衛軍」。

非分之想，強行打開裝有珠寶的盒子，就會觸動警報，倫敦塔的所有門將自動關閉，士兵就會進來抓住偷竊珠寶的人。

你有蒐集東西的習慣嗎？像是石頭、郵票、蝴蝶或硬幣？英國有一座全世界最大的博物館，收藏著世界各地的寶藏，叫做「大英博物館」。它吸引世界各地的人前來參觀這裡的館藏，不過東西多到你沒辦法一天就看完呢！

倫敦的街道眾多，據說如果把倫敦所有街道都連接起來，可以繞

大英博物館有許多藝術品。

小時候有個遊戲就叫「倫敦鐵橋垮下來」。

地球一圈！沒人能細數倫敦所有的街道名稱，甚至連當地的員警都不是完全清楚。

他們會隨身帶著小地圖，有些街道必須查詢地圖才能找到。不過有些街道的名稱卻廣為人知，如針線街、吉普賽街、帕摩爾街和皮卡迪利街。皮卡迪利街有許多漂亮的房屋、酒店、俱樂部和宮殿。還有艦隊街、河濱大道、攝政街和龐德街，都是著名的購物街。還有牛津廣場和皮卡迪利廣場。若你去倫敦，一定會去其中幾個地方遊玩。

! 校長爺爺小叮嚀

1. 在倫敦靠岸的船隻都會經過泰唔士河，但最遠只能開到倫敦橋。
2. 英國由皇室統治，法律則由議會制定。
3. 英國西敏寺中，有一張特殊的椅子，用來加冕英國國王，也被稱為「加冕椅」。

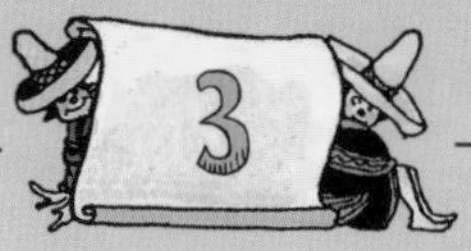

英國（2）

偉大作家的故鄉

英國小檔案

英文名稱：United Kingdom of Great Britain and Northern Ireland
總面積：24 萬平方公里
人口數：6500 多萬人
首都：倫敦
最大城市：倫敦
貨幣：英鎊
語言：英語
主要礦產：煤炭、鐵礦

我曾經問過一個英國朋友，他家是不是住在倫敦。

「為什麼美國人都認為所有的英國人都住在倫敦呢？」他沒好氣地說，「除了倫敦，英國還有很多其他地方啊！

有徹斯特（Cheater）和曼徹斯特（Manchester）；

有諾里奇（Norwish）和哈里奇（Harwish）；

有牛津（Oxford）和吉爾福德（Guildford）；

有伯明罕（Birmingham）和諾丁漢（Nottingham）；

有劍橋（Cambridge）和坦布里奇（Tunbridge）；

有北安普敦（Northampton）和南安普敦（Southampton）……

很多很多其他地方啊！」

他一口氣報出一連串名字，我趕緊說：「好了，好了，那麼多名字我根本記不住，而且很多名字都很像。」

「好吧，」他得意地說，「簡單地說，英國有將近六千萬人不住在倫敦，我就是其中一個。」

不管住在哪裡，幾乎所有英國人一輩子至少會去倫敦一次。英國國土面積較小，火車速度又很快，無論從哪裡出發，都能在一天之內到達倫敦。

鐵路是由英國人發明的。英國的火車和我們的不太一樣，看起來比較小、比較輕，車廂也比較窄。每節車廂中有一半的座位朝前，一半的座位朝後，所以有一半乘客是反方向坐的。少數車廂標著「頭等」，多數標著「三等」。頭等車廂的票價比較貴，車廂內的座位有舒適的軟墊，而且每個座位都很寬敞。三等車廂內的座位則沒有軟墊，座位擁擠。英國的車輛靠左行駛，而美國、台灣的車輛都靠右行駛。如果你在英國靠右騎車或開車的話，員警就會把你抓起來，說你「逆向行駛」。

美國的公路旁邊設有柵欄，英國的公路旁邊則有樹籬。有的樹籬像《睡美人》城堡外的樹籬一樣，長

在英國，如果你靠右邊行駛，就會被警察逮捕。

得又高又大，根本看不到樹籬後面的景象，最多只能看到房屋的屋頂。英國有些房屋的屋頂和我們的完全不同，是用稻草蓋成的茅草屋頂。你可能會覺得很奇怪：這種屋頂怎麼能擋雨呢？稻草不是很容易著火嗎？這樣想你就錯了，它不但不會漏水，也不太會著火。英國的木材稀少，木材建造的房屋數量很少，幾乎所有房屋都是用石頭或磚頭建造的。現在島上沒有大型的森林，僅有的幾個小森林，基本上都作為公園。英國歷史悠久，樹木差不多用完了，剩下的稀少樹木就顯得特別寶貴，所以人們捨不得用樹木造房子。

美國的木頭房子比石頭房子或磚頭房子都便宜，而英國的木頭房子比石頭房子或磚頭房子貴很多。

英國有很多著名的風景勝地，包括眾多教堂和大教堂。美國很少有教堂的歷史超過一百年，而英國幾乎沒有不超過一百年的教堂，而大教堂更可能有一千多年的歷史！

大部分的英國人都是聖公會教徒，大部分英國的教堂都是聖公會教堂。聖公會就是英國國教。

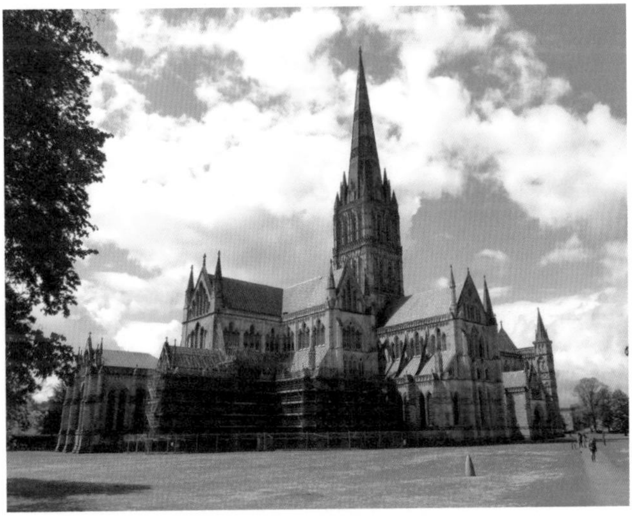

英國有許多歷史悠久的教堂（圖為英國索爾柏里大教堂）。

英國有兩所世界知名的大學，這兩所大學之間會舉辦足球賽、板球賽和划船比賽。其中一所在泰晤士河河畔，那裡曾經是牛群蹚水過河的地方，所以就叫「牛津大學」；另一所位於劍河河畔，河上有一座「劍橋」，所以就叫「劍橋大學」。

你應該看過不少著名作家寫的故事和詩歌吧？世界上許多著名的作家和詩人都在英國住過，包括最偉大的英國作家威廉．莎士比亞，他曾經住在雅芳河畔的史特拉福小鎮。

我們在前面的章節裡介紹過，美國的新英格蘭地區最主要的產業是製造業，英國最主要的產業也是製造業。新英格蘭沒有煤礦和鐵礦，製造東西所需的煤和鐵都要從其他地方購買。英國則擁有豐富的煤炭和鐵礦資源，燃燒煤炭可以發動機器，鐵則能做成各種各樣的東西。

英國作家威廉．莎士比亞就曾住在雅芳河畔的史特拉福小鎮。

英國的鐵製品種類繁多，從大型的發動機到袖珍的折疊小刀，應有盡有。英國有個地方叫雪菲爾，生產大量餐刀和餐盤，我們稱之為「雪菲爾盤」。

英國還生產大量的布料，包括羊毛布料和棉布料。英國當地養殖綿羊，能直接用羊毛織成羊毛布料，但是生產棉布料所需的棉花則從美國進口。

英國也有種莊稼的田地，但是數量較少，所生產的糧食不足以供應整個國家的人口，所以大部分的食物必須從其他國家進口。英國人很喜歡吃羊肉和烤牛肉，他們的民間歌曲和故事中都會提到「古英國的烤牛肉」。

英國國王的統治範圍不僅包括英國，還包括其他國家。英國曾經征服和占領過許多地方，在每一片大陸都曾有過殖民地，那些國家實行的都是在倫敦制定的英國法律。直到第二次世界大戰後，英國勢力削弱，各個殖民地紛紛獨立，獨立國組成的大英國協取代了大英帝國。大英國協不設立任何權力機構，由五十三個獨立國家組成，成員國多數為大英帝國的前殖民地。他們有共同的歷史背景，但已經各自獨立，並維持自由平等的關係。

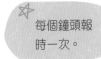

大笨鐘

每個鐘頭報時一次。

校長爺爺小叮嚀

1. 台灣的車輛都是靠右行駛，英國的車輛則是靠左行駛。
2. 英國人大部分都信奉英國國教——聖公會。
3. 英國曾經殖民過許多國家，但是在第二次世界大戰後，許多殖民地紛紛獨立，並成立「大英國協」。

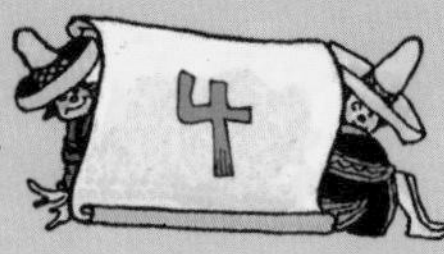

威爾斯、愛爾蘭與蘇格蘭

英格蘭的鄰居

你知道，為什麼英國的全名是「大不列顛及北愛爾蘭聯合王國」呢？
因為，「英國」其實包含了英格蘭的鄰居蘇格蘭、威爾斯，以及北愛爾蘭。
這些地方都有自己的語言，但是因為受到英國本島的影響，
我們到這些地方旅遊時，也可以使用英語！

我知道一個超長的詞，有二十八個字「蘭韋爾普爾古因吉爾戈格里惠爾恩德羅布林蘭蒂西利奧戈戈戈赫」（Llanfairpwllgwyngyllgogerychwyrndrobwlll lantysiliogogogoch），它就像是小孩子打字時胡亂打出的字。但真的有這個名詞，那是威爾斯一個小鎮的名字，意為「位於茫茫白霧中的聖瑪麗教堂，附近有一個快速旋轉的漩渦，還有一座聖泰西里奧教堂，教堂旁有一個紅色山洞」。那麼長的名字不論讀或寫都很麻煩，所以當地人和寫信去那裡的人都直接用簡稱「蘭韋爾普爾古因吉爾」稱呼這裡——不過連簡稱都好長啊！

威爾斯和英格蘭位於同一個島上，曾經是獨立的國家。威爾斯人以前講威爾斯語，有很多又長又難讀的詞語。

後來，英格蘭國王征服了威爾斯。為了讓威爾斯人臣服於他，英格蘭國王承諾他們，將會讓一個在威爾斯出生而且不會說英語的人當威

爾斯國王。威爾斯人聽了之後非常開心，以為國王一定會是威爾斯人。沒想到英格蘭國王耍了個小聰明：當時國王的兒子剛出生沒多久，就是在威爾斯出生的；他還是個小寶寶，不會說話，當然也不能算他會說英語啦！

這個嬰兒完全符合當威爾斯國王的條件，英格蘭國王就讓自己的兒子當了威爾斯國王，稱作「威爾斯親王」。從那以後，英格蘭國王的第一個兒子在父親去世後，就成為威爾斯親王。現在威爾斯人會說自己的「母語」威爾斯語，但所有威爾斯小孩在學校學的也都是英語，所以去威爾斯旅遊不一定要懂威爾斯語，因為那裡幾乎所有人都會說英文。

英格蘭的第二個鄰國是蘇格蘭，高爾夫球運動就是起源於這裡。蘇格蘭也和英格蘭在同一個島上，位於英格蘭北部，並擁有全世界最棒的高爾夫球場。蘇格蘭以前也是獨立的國家，有自己的國王。他們的傳統服裝很特別，上身穿著方形披肩，下身不穿馬褲，而穿短裙，腿上套著短襪，襪沿向下捲起，即使在寒冷的冬天時，膝蓋也露在外面。每

威爾斯一個小鎮的名字是我所知道最長的地名。

個蘇格蘭家族稱作一個宗族，每個宗族的披肩和短裙都有屬於自己的格子圖案。

蘇格蘭有一種很奇怪的樂器「風笛」，主要是一個用豬皮做的袋子，有一根管子，讓人吹氣到袋子裡，還有幾個小喇叭。吹風笛時，要把袋子夾在腋下，一邊用管子吹氣，一邊用手臂擠壓袋子，讓袋子中的空氣循環，就能吹響上面的喇叭。風笛發出的聲音很奇怪，像殺豬時豬的慘叫聲。

蘇格蘭製造大型船隻，許多海上航行的船隻都是在蘇格蘭的格拉斯哥地區製造的。格拉斯哥位於克萊德河西岸，是蘇格蘭的第二大城市；首都愛丁堡則位於克萊德河東岸。

長老教會起源於蘇格蘭，就像英格蘭大部分人是聖公會教徒一樣，蘇格蘭大部分人是長老教會信徒。

英格蘭的第三個鄰國是愛爾蘭。這裡盛產馬鈴薯，當地人也很喜歡吃馬鈴薯。從地圖上來看，愛爾蘭的形狀也像極了馬鈴薯。不過，愛爾蘭本來是不產馬鈴薯的，馬鈴薯一開始只在南美洲種植，直到哥倫布發現美洲大陸，將馬鈴薯帶到了其

蘇格蘭風笛發出的聲音很奇怪，像殺豬時豬的慘叫聲。

他地區，愛爾蘭也是在那之後才開始種植馬鈴薯的。

愛爾蘭島分成兩個部分，北邊比較小的那個部分，與英格蘭、蘇格蘭和威爾斯共同組成大不列顛及北愛爾蘭聯合王國（英國）。也就是說，北愛爾蘭和英格蘭、蘇格蘭以及威爾斯同屬英國國王管轄。南邊的那個部分比較大，是一個獨立的國家——愛爾蘭。

愛爾蘭人非常擅長講故事。有一個故事是這樣的：很久很久以前，愛爾蘭北部有一個巨人，建造了一座魔法大橋，從愛爾蘭直通到蘇格蘭。為了說明這個故事是真的，愛爾蘭人會告訴你：「你仔細看，那座橋有幾千根石柱哦，從海岸邊一直延伸到海裡，像是用打樁機打的。以前根本沒有打樁機，所以只有巨人才能完成這樣的事。」後來大家把這些石柱叫做「巨人堤道」，意為「巨人的大橋」。

愛爾蘭有一座魔法大橋，叫做「巨人堤道」。

你平時有沒有在口袋裡放一條手帕呀？如果有，你的手帕是亞麻做的還是棉質的？如果是正式場合使用的手帕，很可能是來自愛爾蘭的亞麻手帕。亞麻是用亞麻的纖維做的，亞麻布比棉布更牢固，質地也更柔軟，不過價格比較貴。伯發斯特是北愛爾蘭的主要城市，那個地方非常適合亞麻生長，優質亞麻的產量很高，有各種亞麻產品，如手帕、餐巾和桌布。

北愛爾蘭和蘇格蘭大部分的人都是長老教會的教徒，事實上，北愛爾蘭人的祖先是從蘇格蘭遷移過去的，兩地頗有淵源。

愛爾蘭南部地區原本也是屬於英國的，但當地人不願意接受英國人的統治，自己獨立，成立國家。愛爾蘭的首都是都柏林，據說都柏林人說的英語比英格蘭人還純正！除了英語之外，愛爾蘭人也說愛爾蘭語。愛爾蘭語的歷史非常悠久，愛爾蘭人在開始說英語前就已經在說愛爾蘭語了。現在還有部分愛爾蘭的硬幣和郵票上有愛爾蘭語。

愛爾蘭是共和制的國家，和我們一樣有總統。

愛爾蘭的都柏林南邊，有一個城市叫科克，還有一個城市叫基爾肯尼。科克附近有一座廢棄的布拉尼城堡，城堡的牆上有一塊叫做「巧言石」的石頭，據說只要親一親這塊石頭，就能讓你變得伶牙俐齒，說出動聽的話。以前，遊客必須讓他人抓住腳踝，低下頭越過城垛來親吻巧言石。現在要親吻巧言石，遊客須在女兒牆的走道上將上半身向後傾斜（並握住鐵欄杆）。親吻巧言石後所得到的獎賞則是雄辯的口才。很多人千里迢迢來到城堡親吻巧言石，希望自己能變得更會說話。因此，如果有人說了奉承話，別人可能就會說：「啊，你該不會親過巧言石吧？」

跟北愛爾蘭地區不同，幾乎所有愛爾蘭共和國的人民都信奉羅馬天主教。他們的祖先在耶穌誕生前就生活在那片土地上，接受了一千多

以前，遊客必須讓人抓住腳踝，低下頭越過城垛才親吻得到巧言石。

年以前羅馬傳教士傳播的羅馬天主教，並信奉至今。

愛爾蘭有充沛的雨水，植物繁茂，整個國家綠意蔥蘢，人稱「綠寶石島」。綠寶石是一種非常漂亮的石頭，愛爾蘭人很喜歡綠色，樂於享有此美名，並以綠色作為國家代表色。愛爾蘭的國旗上有綠色、白色、橘色。愛爾蘭盛產白花三葉草，是愛爾蘭的國花。

你知道聖派翠克嗎？聖派翠克是愛爾蘭的守護神，據說是他把邪惡的毒蛇趕出了愛爾蘭。英國的國旗由三個十字構成，其中一個十字代表英格蘭的聖喬治，一個代表蘇格蘭的聖安德魯，另一個則代表愛爾蘭的聖派翠克。所以後來才有了聖派翠克節，是每年的三月十七日。

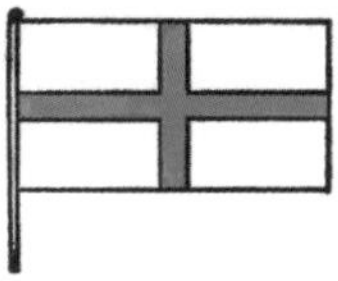

英國國旗由三個十字構成，一個代表英格蘭的聖喬治（中左），一個代表蘇格蘭的聖安德魯（中右），還有一個代表愛爾蘭的聖派翠克（下）。

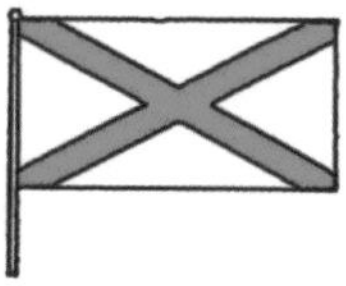

校長爺爺小叮嚀

1. 高爾夫球運動起源於蘇格蘭地區。
2. 蘇格蘭人的傳統服飾為方形披肩加上短裙與短襪，衣服上會有屬於自己家族的格子圖案。
3. 「大不列顛及北愛爾蘭聯合王國」（英國）由北愛爾蘭、威爾斯、蘇格蘭與英格蘭組成。

法國（1）

全世界最漂亮的城市

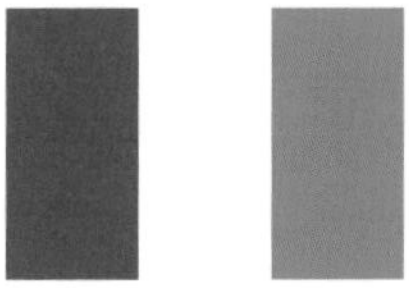

法國小檔案

英文名稱：France
總面積：64萬平方公里
人口數：6600多萬人
首都：巴黎
最大城市：巴黎
貨幣：歐元
語言：法語
主要農產：葡萄、蘋果、小麥

我們來玩個腦筋急轉彎吧：有個小男孩從來沒去過學校，也沒上過法語課，但他卻會說一口流利的法語，這是為什麼呢？哈哈，因為他是法國人啊，法語就是他的母語，不必上課就會說啦！歷史上有一段時間，很多國家的人都說法語，甚至連英國的王公貴族和受過高等教育的人也說法語，因為他們認為會說法語，能顯得自己更加高貴，所以對僕人才講英語。

法國距離英國不遠，中間隔著大海，海上沒有橋。兩國之間的這段海峽叫做英吉利海峽。其實若是叫做法蘭西海峽也不為過啦，因為這個海峽既不屬於英國，也不屬於法國。許多來自世界各地的游泳愛好者試圖穿越英吉利海峽，但只有少數人成功。坐船的話，只要一小時就能越過這個海峽，而坐飛機的話就更快了。

從英國跨越英吉利海峽去法國，通常會從英國的多佛出發，在法國的加來靠岸，這是最近的路線。這段行程非常顛簸，很多人都會暈船，使原本短暫的行程變得無比漫長。因此有人選擇走別的路，在法國的其他地方登陸，像是位於塞納河河口的勒阿弗爾，就算航程較遠、所費時間較長也沒關係。

以前往返兩地的人常常想：這段旅程真是煎熬啊，如果能在海底開通隧道，從海中開車過來就好了。現在，他們的美夢成真了，英吉利海峽下方已經建造了海底隧道，兩國之間通行更加方便。

一到法國，你就會看到隨處飄揚的法國國旗。法國國旗和美國國旗都有紅、白、藍三種顏色，不過法國國旗的圖案只有簡單的三個直條紋，從左到右依次是：藍、白、紅。街道路牌和建築標誌上寫的都是法文，人民說的是法語，用的錢也和我們的不一樣，以前用的是「法郎」，現在用「歐元」。

別人可能會說「你長得真像你爸爸」或「你長得真像你媽媽」，沒有人會說你爸爸或媽媽長得像你吧？法國的首都巴黎，是法國最大的城市。有人說這裡是全世界最漂亮的城市，一看到其他漂亮的城市，大家就會讚嘆「這裡真像巴黎呀！」沒有人會說巴黎像其他城市。

我們在前面有說過，倫敦位於泰晤士河上，大型船隻由泰晤士河開到倫敦；而巴黎也是在河邊，它位於塞納河上游，河道蜿蜒曲折，流經巴黎市中心。但塞納河較窄，河水又淺，只有小船才能在河上行駛，抵達巴黎。

塞納河的一個小島上有一座大教堂，是為紀念聖母瑪麗亞建造的，叫做「巴黎聖母院」。巴黎聖母院建於幾百年前，用石頭和彩色玻璃建造而成；前方有兩座塔樓，中間有一座很長的尖塔，像「直指天堂的手指」。長長的石柱支撐著屋頂，沒有這些石柱的話，整個屋頂便會坍塌。這樣的石柱叫做扶壁。屋頂邊緣「棲息」著許多怪異的石頭動物。這些動物奇形怪狀，長得跟普通的動物不同，看上去十分恐怖，像鳥類，像野獸，也像魔鬼。這些石頭做的「滴水嘴怪獸」，據說能嚇走邪惡的靈魂，不讓它們進入教堂。

巴黎還有一座著名的教堂，是為《聖經》中的另一位馬利亞建造的，叫做瑪德蓮教堂。瑪德蓮教堂建造的時間比巴黎聖母院晚很多，不過建築風格看起來卻比巴黎聖母院還古老，有點像耶穌誕生前就有的古老寺廟。教堂周圍有石柱，沒有窗，沒有塔樓，沒有扶壁，沒有尖塔，也沒有圓頂。

塞納河畔。

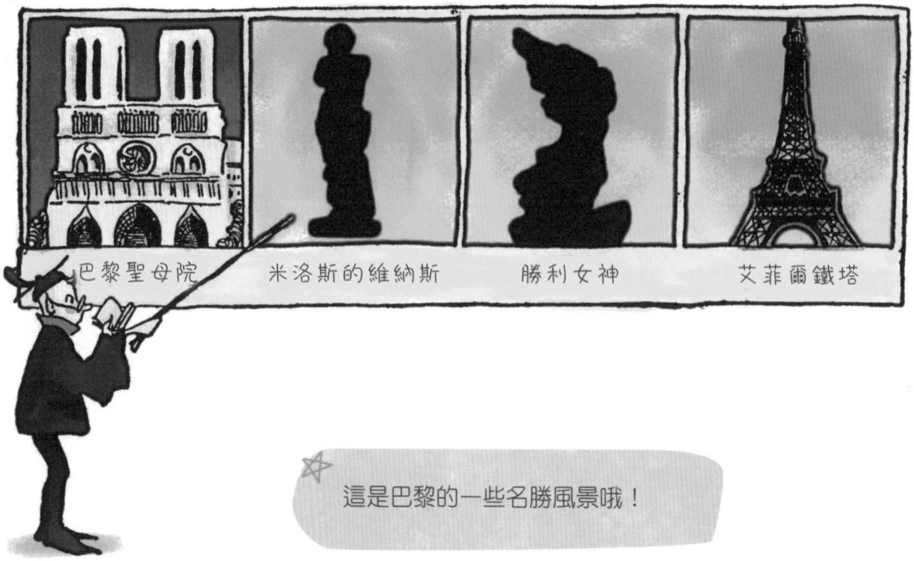

以前的法國，也有國王、王后、王子和公主，塞納河畔有很多以前王室居住的宮殿。現在的法國則和美國一樣實行共和制，只有總統沒有國王。以前的宮殿現在都改成博物館、藝術館或圖書館了。其中最著名的一座宮殿就是羅浮宮，裡面收藏著許多名畫和雕塑。

名畫和照片不同。照片即使拍的是知名人物，就算拍得非常逼真，也不會很值錢。但畫作就不同了，即使畫的是普通人，畫得也不逼真，仍有可能價值連城。羅浮宮中有一幅舉世聞名的油畫，畫的是一位面露淺淺微笑的婦女「蒙娜麗莎」。這幅畫曾經遭竊過，但後來在別的國家找回來了。其實那個小偷很笨，這幅畫這麼有名，全世界都知道，他根本不敢把畫賣掉，甚至不敢拿給別人看，幹嘛費工夫偷它呢！

耶穌誕生前，人們認為世界上有許多神，還根據自己的想像雕刻了許多神像。羅浮宮中就收藏著兩座最偉大的雕像，一座是愛神維納斯的雕像，完成於兩千多年前。由於是在希臘的米洛斯島上發現的，於是雕像就叫做「米洛斯的維納斯」。另一座雕像是有翅膀的天使，也於耶穌誕生前完成。維納斯雕像沒有手臂，天使的雕像沒有頭，但兩座雕像的形態都非常優美。

羅浮宮裡舉世聞名的油畫「蒙娜麗莎的微笑」。

法國的「國會大廈」既沒有美國國會大廈那樣的圓頂，也沒有英國議院那樣的塔樓。不過，巴黎有一棟建築擁有像美國國會大廈和倫敦聖保羅教堂那樣的圓頂，這座建築既不是教堂，也不是國會大廈，而是法國兩位著名戰士的墳墓，叫做榮譽軍人院（Les Invalides）。 這兩位戰士一位叫拿破崙，另一位是著名的法國將軍福煦。拿破崙和喬治・華盛頓生活在同一個時期，曾經當過法國國王。他的骸骨放在圓頂下，一個巨大的大理石箱子中。福煦將軍則是第一次世界大戰期間，法軍的參謀總長。

巴黎有全世界最出名的鐵塔，艾菲爾鐵塔。這座鐵塔高三百公尺以上，立在四條「鐵腿」上。當你站在四條鐵腿中間往上看，會覺得整座鐵塔像個頂天立地的巨人。

法國的艾菲爾鐵塔高度有三百公尺以上（拍攝者為 Tristan Nitot from 維基百科）。

校長爺爺小叮嚀

❶ 法國與英國遙遙相望，中間只隔著英吉利海峽。

❷ 法國著名的博物館「羅浮宮」是由以前法國皇室所居住的宮殿改建。

❸ 法國最著名的艾菲爾鐵塔共有三百多公尺高。

法國（2）

愛美的法國人

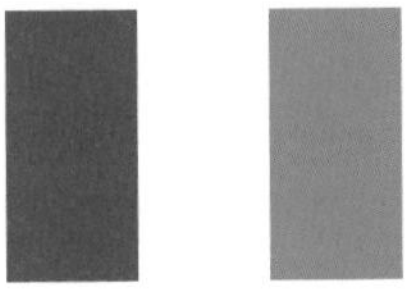

法國小檔案

英文名稱：France
總面積：64 萬平方公里
人口數：6600 多萬人
首都：巴黎
最大城市：巴黎
貨幣：歐元
語言：法語
主要農產：葡萄、蘋果、小麥

巴黎有全世界最美麗的林蔭大道，沿著落日的方向，路的兩旁種著綠意盎然的樹木，景色非常漂亮。有人說這裡就像天堂中的街道，於是就把它叫做「香榭麗舍大道」，意為「天堂之地」。

巴黎還有許多漂亮的廣場，其中最著名的是協和廣場。廣場中央有一座紀念碑，是遠從埃及而來、用一整塊石頭做成的方尖碑。協和廣場位於香榭麗舍大道的一端，大道的另一端是一扇巨大又華麗的拱門「凱旋門」，也就是「勝利之門」的意思。任何交通工具都不能從凱旋門下穿行，因為凱旋門下是「法國無名戰士」的墓地。這裡不分晝夜燃燒著熊熊火焰，紀念在世界大戰中犧牲的法國士兵。

法國人喜歡漂亮的東西，如漂亮的圖畫、雕塑、建築等，而且在

凱旋門下面埋葬著為法國捐軀的無名戰士。

這些方面非常有造詣。很多美國年輕人都會去法國學習相關的藝術和技術，成為畫家、雕塑家和建築家。

在日常生活方面，法國人也很注重形象，他們有漂亮的帽子、衣服，美味又美觀的食物和優雅的言談舉止，舉世聞名。不過你注意看看，有一點很特別：法國最著名的時裝設計師和廚師好像都是男性哦。

你可能會發現，美國的高級酒店裡聘請了不少法國大廚，很多飯店的帳單也都是用法語寫的，美國人不但學習法國的烹飪方法，請來法國的廚師，連法國菜的名字也照抄來了。法國廚師能用普通的麵包和骨頭做出非常可口的湯。在美國，我們可能就簡單的叫「湯」，而法國人卻叫「濃湯」或「法式清湯」，名字好聽多了。一般來說，我們在吃名字好聽的東西時，也會覺得滋味更好。

我們平時都在室內吃飯，不喜歡被外人打擾，但法國人似乎喜歡在戶外用餐，不是在街道旁，就是在能俯瞰街道的地方。用餐的人能看到行人，行人也能看到用餐的人。

大部分法國著名的餐廳都有許多露天座位。法國人吃飯時很喜歡喝酒，就像我們喝牛奶、咖啡或茶一樣。法國各地有許多葡萄園，種植大量的葡萄用來釀酒。

世界上有很多種材料能製作布料，如亞麻、棉花、羊毛、絲綢等等。棉花和羊毛做的布料比較實用，絲綢布料則主要是為了美觀。愛爾蘭大部分的布料都是用亞麻做的，英國大部分的布料是用棉花或羊毛做的，而法國的很多的布料講求美觀，是用絲綢做的。亞麻和棉花都來自植物，羊毛來自綿羊，那你知道絲綢是怎麼來的嗎？絲綢來自一種小昆蟲，我們把這種小昆蟲叫做蠶。在自然環境中，蠶會蛻變成飛蛾。我們平時會用農藥殺死很多有害的昆蟲，因為那些昆蟲會吃樹葉或菜葉，破壞農作物。但蠶是一種有益的昆蟲，牠不會吃作物，只吃桑樹的葉子。法國有一條河叫隆河，隆河的山谷種植很多桑樹，摘下的桑葉專門用來餵養蠶寶寶，就像我們養小雞寶寶那樣。

最有名的法國廚師往往是男人。

蠶寶寶吃了桑葉後，到了一定的時間，牠就會吐絲，絲線的長度長達四百公尺！很難想像一隻小小的蟲能吐出這麼長的線吧！像蜘蛛織網一樣，蠶寶寶會用絲把自己整個包裹起來，繞成密封的橢圓形圓球，這就是「繭」。

然後蠶寶寶便躲在蠶蛹裡，開始呼呼大睡，一覺睡醒後破繭而出，變成美麗的飛蛾。為了製作絲綢，工人不會讓蠶破繭而出，蠶還在蛹中呼呼大睡時，他們就把繭放到水中煮，直到繭變軟，把蠶絲分離出來。取得蠶絲，就能用來製作絲綢，再做成絲綢衣服、襪子、緞帶以及女性喜歡的其他各種絲製品。隆河河畔的法國城市里昂，是歐洲最著名的絲綢產地。

隆河向南流入里昂灣，算是地中海的一部分。這裡最主要的城市馬賽，是僅次於巴黎的法國第二大城市，歷史比巴黎還悠久。馬賽位於隆河河口附近，一直以來，都是船隻停泊的大港口。

除了絲綢，女性還很喜歡香水。法國的香水也聞名於世，法國人可以用漂亮的鮮花、香甜的小草甚至荒蕪的野草製作氣味宜人的香水。香水的價格很貴，一小滴香水可能就要價一美元，我想那是因為生產幾瓶香水就要用掉一大塊田地的鮮花吧。

當然，除了桑樹、葡萄和鮮花，法國人也像我們一樣種植其他作物。在法國，有許多農民，他們不住在農場的農舍中，而是住在鄉村的房屋中，每天往返於家和農場之間。

我從五歲開始用撲滿存錢，到十二歲時，終於存到一百美元。那時我開心極了，感覺自己像個百萬富翁。法國人很喜歡存錢，即使賺得不多，也會挪出一點來儲蓄，所以就算是窮人，也有不少存款，為退休之後的生活做準備。

法國的女生也會存錢，可能在結婚的時候用這筆錢來買家具、房子甚至更多的東西。這就是我們所謂的「嫁妝」。有的父母會送女兒嫁妝，而有的女生則自己存錢買嫁妝。有些人的嫁妝可能只值幾千美元，有些人則有幾萬美元。無論嫁妝多少，都必須準備嫁妝。根據法國人的說法，出嫁時有嫁妝的話，結婚後就能過著幸福美滿的生活。

! 校長爺爺小叮嚀

❶ 法國里昂是歐洲最著名的絲綢產地。

❷ 法國知名的「凱旋門」是「勝利之門」的意思。

❸ 法國有許多葡萄園，為了用來釀造大量的葡萄酒。

比利時與荷蘭

低於海平面的國家

荷蘭

比利時

比利時與荷蘭小檔案

英文名稱：Belgium、Netherlands
總面積：7 萬平方公里
人口數：2900 多萬人
首都：布魯塞爾、阿姆斯特丹
主要城市：布魯塞爾
貨幣：歐元
語言：法語、德語、荷蘭語
主要農產：乳酪、花卉

大鐘琴和戰場似乎是兩樣風馬牛不相及的東西，不過法國北部的比利時，是個有很多大鐘的國家，也曾經是著名的戰場。

比利時的教堂、市政廳和其他建築的塔樓上都有大鐘，大鐘不但能報時，還能發出美妙的樂音。每逢週末或節日，鳴鐘者就會坐在一個鍵盤旁，敲擊琴鍵，讓大鐘發出各種聲調和旋律，城裡每個人都能欣賞到美妙的音樂。一組鐘有時包括五、六十個大小和聲音都不同的鐘，其中較小的鐘音調較高，較大的鐘音調較低。鐘本身是固定不動的，是由鐘錘撞擊各個鐘，以發出聲音。鐘錘連著線，連到鍵盤上，鳴鐘者只要敲擊鍵盤，就會帶動線上連著的鐘錘，敲打對應的鐘。每當這樣的音樂響起，城裡禁止發出各種噪音，不准汽車鳴喇叭，不准人們大聲喧譁，

比利時大鐘琴。

大家靜靜地享受美妙的音樂。

這就是比利時的大鐘琴。那為什麼戰場和比利時有關呢？一直以來，這裡都是歐洲主要的戰場，當然不是比利時人自己打仗，而是其他歐洲國家在這裡打仗。兩次世界大戰中，比利時都是德軍和法軍交戰的主戰場，許多建築毀於戰火之中，整個國家遭到嚴重的毀壞。

約兩百年前，有位叫拿破崙的法國將軍，就是我前面說過的埋葬在巴黎的那個人，在比利時一個叫滑鐵盧的地方打了一場歷史上非常著名的戰役。他在那場戰役中一敗塗地，後來我們就用「滑鐵盧」形容戰爭、比賽慘敗。

例如，我們可以說「這位網球世界冠軍遭遇了滑鐵盧」，也可以說「這支足球隊遭遇了滑鐵盧」，都表示在比賽中慘敗。

比利時的首都是布魯塞爾，你可能聽說過布魯塞爾蕾絲花邊、布魯塞爾地毯，這些東西都產自此地。

還有一個城市的名字也是以「布魯」開頭的：布魯日。布魯日城裡河流眾多，各種大橋小橋應有盡有，那裡的人也慣於乘船出行。

比利時靠近法國的那部分領土山地較多，而與荷蘭接壤的部分，地勢很低。荷蘭一詞的意思就是「低地」。事實上，這個國家有許多地方低於海平面，當地人必須建造河岸或堤壩擋住海水，並在堤壩內建造磨坊，每個磨坊都有巨大的四翼風車，不停將水排出去。堤壩必須築得非常寬闊牢固，才能擋住巨大的海浪。要是堤壩出現小裂縫，海水就會奔騰而入，造成洪水氾濫，沖垮房屋，淹死人和動物。因此，荷蘭有專人管理堤壩，一旦發現有裂縫，就立即修補。

大約在七百年前，有過一次很強大的風暴，北海的海水沖垮堤壩，毀掉許多房屋，淹死了成千上萬的人。曾經被水淹沒的那個地方現在有船隻往返穿梭，魚兒在水中自在優游，叫做「須德海」。荷蘭人在那裡

荷蘭人為了把低處的水排出去，修建了巨大的四翼風車。

有時路上遇上一隻貓，事情就麻煩嘍！

重新建造堤壩，擋住北海的海水，並將現有的水排出去，而隨著堤壩建成，須德海成了人工湖，已改名為「艾瑟爾湖」。或許多年後的某一天，那裡可能會變乾，不會有須德海，也不會再有魚兒和船隻。

美國有很多道路和街道，荷蘭國內則有很多運河。夏天時，有大大小小的船隻在運河上來往穿梭；冬天時，河面結冰了，就人人穿著溜冰鞋，小孩溜去上學，大人溜去上班。那是多麼有趣的生活呀！

荷蘭的馬匹數量不多，當地人用狗拉車或用自行車載運東西。狗吃得比馬少，又不需要馬廄這樣專門供馬睡覺的地方，比馬好養多了；而自行車不需要車庫，也不必加油，是相當省錢又方便的工具。經過訓練，狗能像馬一樣拉車，運送一桶桶的牛奶到別的地方。不過如果在路上遇到貓可就麻煩了，貓和狗總是不能和平相處，一見面就會打起架來。

荷蘭雖然沒有很多馬，卻有很多牛。荷蘭的牛是黑白相間的乳牛，產奶量比其他種類的牛更多。乳牛的奶還可以用來做乳酪。荷蘭的乳酪非常有名，還有專賣乳酪的市場。農家把一大塊一大塊的乳酪封存起來，這樣就能保存很長的時間。

荷蘭人喜歡把房屋打掃得一塵不染，乾淨明亮的廚房有時也身兼起居室和餐廳。他們會一遍又一遍不厭其煩地擦洗屋子，甚至連住家附近的通道都要打掃，有些城鎮的人連大街都隨時洗得乾乾淨淨的。荷蘭人的乳牛棚常常和房屋連在一起，也打掃得和屋子裡面一樣乾淨，窗戶上掛著窗簾，還有專門的掛勾，擠奶時就把乳牛尾巴掛在那裡，以免牠四處揮動影響工作。

荷蘭的氣候非常溼潤，你會看到當地人會穿著木頭做的鞋子，進屋前便將鞋脫在門邊。這些木鞋也算是荷蘭的代表物品啦！你還會在鄉村看到男性穿著和枕頭套一樣寬大的褲子，女性穿著蓬蓬裙，戴著白色帽子。

傳統荷蘭女性會穿著蓬蓬裙，頭戴白色帽子，腳踩木頭做的鞋子。

荷蘭有許多城鎮的名字是以「丹」結尾的，阿姆斯特丹和鹿特丹兩個荷蘭最大的城市就是如此。

阿姆斯特丹是鑽石之城，不過鑽石並非產於荷蘭，而是從非洲運來的。鑽石礦從非洲的礦山中開採出來時，看起來一點都不像鑽石，而像一顆顆普通的鵝卵石，你如果看到它，一定想像不到這個東西居然可以變成鑽石。鑽石礦運到荷蘭，在阿姆斯特丹的工廠裡將這些礦石製成閃閃發光的鑽石。**鑽石是世界上最堅硬的東西，就算你用超強的鋼鐵工具或碎石機都無法將它弄碎，用砂紙或銼刀也無法在鑽石上留下任何刮痕，只有用鑽石做的工具才能切割鑽石。**在阿姆斯特丹，工人便是用這種工具切割礦石，將它打磨成多面的成形鑽石。

校長爺爺小叮嚀

1. 法國拿破崙將軍曾在比利時滑鐵盧地區打了敗仗，也因此我們用「滑鐵盧」形容戰爭或比賽慘敗的意思。
2. 荷蘭的地勢低窪，為了排除地窪處的水，因此荷蘭修建了巨大的四翼風車。
3. 荷蘭馬匹數量不多，因此舊時代的荷蘭人會利用狗來拉車或送貨。
4. 荷蘭氣候非常濕潤，當地人會穿著木頭做的鞋子，進屋前便將鞋子脫在門邊。
5. 荷蘭的阿姆斯特丹雖然被稱為「鑽石之城」，不過當地並不出產鑽石，而是由非洲運來的。

動動腦，想想看！

看了這麼多有趣的西歐故事，讓我們看看你知不知道這些問題的答案吧！

Q1 在船上，船長可以利用哪種工具來辨別方位呢？

Q2 英國由皇室統治還是總統呢？法律又是誰制定的呢？

Q3 「大不列顛及北愛爾蘭聯合王國」（英國）由哪幾個地區組成呢？

Q4 法國與英國中間，隔著哪一條海峽呢？

Q5 哪位將軍曾在比利時「滑鐵盧」打敗仗，從此所有人都用「滑鐵盧」形容戰爭或比賽慘敗呢？

檢查看看，你答對了嗎？

A1 指南針。

A2 英國由皇室統治，法律則由議會制定。

A3 英格蘭、蘇格蘭、威爾斯、北愛爾蘭。

A4 英吉利海峽。

A5 拿破崙。

這些問題你都答對了嗎？

答對了，請繼續跟著校長爺爺一起探索南歐的故事吧！

答錯了別灰心，翻回前面，讓校長爺爺重新告訴你世界的故事！

南歐

古老文明的起源

歐洲地區很大，國家也很多，通常，我們都會把歐洲區分為東、西、南、北、中來討論。現在，我們進入南歐地區。

南歐緊鄰地中海，是許多重大文明的起源地，例如：古希臘、古羅馬文明。由於冬季的天氣溫和多雨，夏季炎熱乾燥，是典型的地中海氣候，這個地區主要的農產品大多是：橄欖、柑橘等作物。

南歐小檔案

總面積：166 萬平方公里
人口數：1 億 8 千多萬人
主要國家：西班牙、義大利、希臘

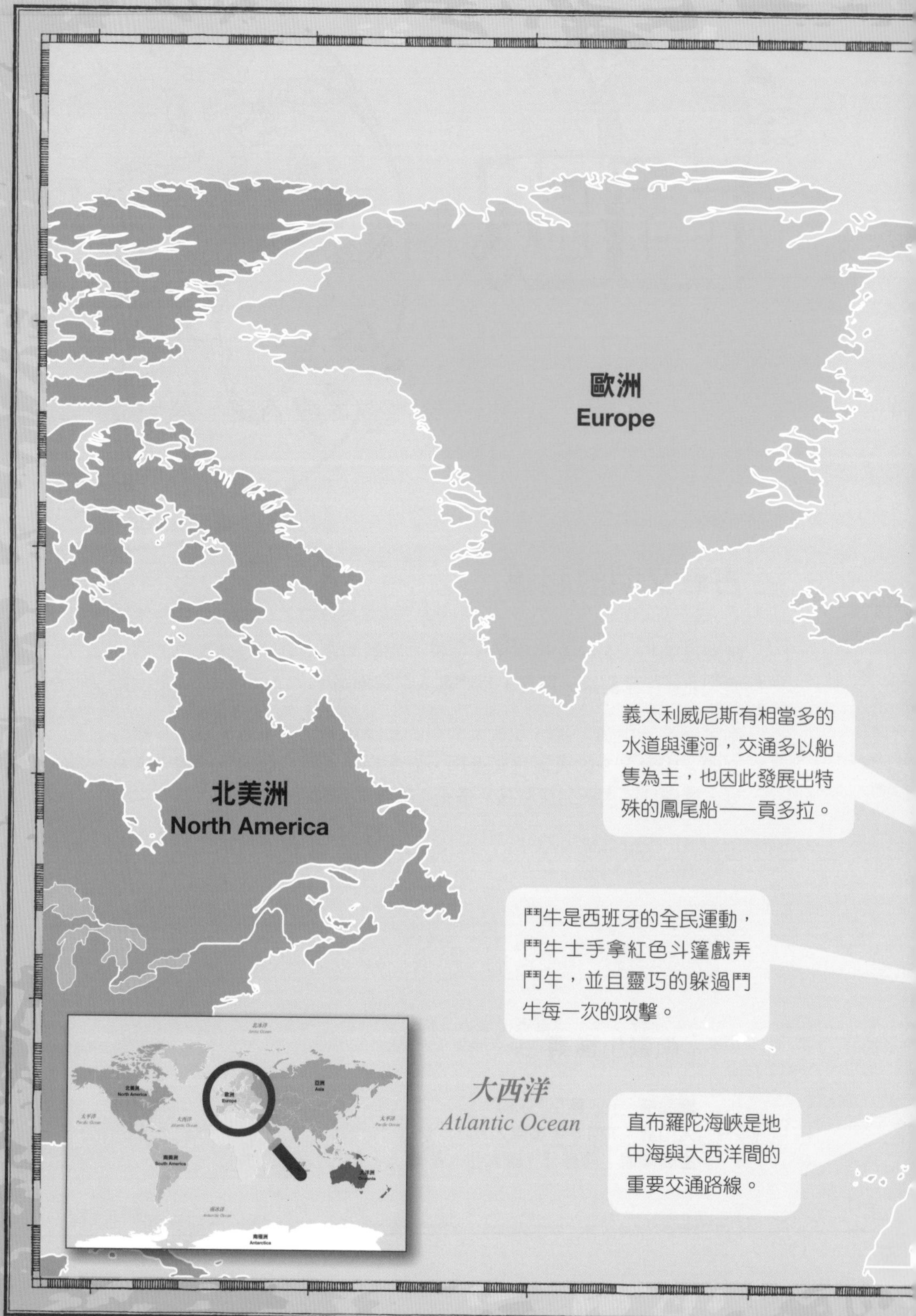
歐洲
Europe
北美洲
North America
大西洋
Atlantic Ocean
義大利威尼斯有相當多的水道與運河，交通多以船隻為主，也因此發展出特殊的鳳尾船——貢多拉。
鬥牛是西班牙的全民運動，鬥牛士手拿紅色斗篷戲弄鬥牛，並且靈巧的躲過鬥牛每一次的攻擊。
直布羅陀海峽是地中海與大西洋間的重要交通路線。

北冰洋
Arctic Ocean
知名的比薩斜塔位於義大利比薩市，這個建築物原本是筆直的，但因為一邊的地基塌陷，才慢慢的傾斜。
希臘曾經是歐洲最進步的國家，創造出許多驚人的建築與偉大的詩歌、語言。
亞洲
Asia
歐洲
Europe
非洲 Africa

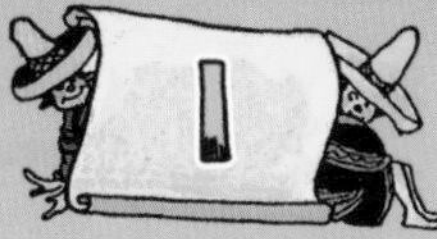

西班牙（1）

發現新大陸的哥倫布

西班牙小檔案

英文名稱：Spain
總面積：50萬平方公里
人口數：4600多萬人
首都：馬德里
最大城市：馬德里
貨幣：歐元
語言：西班牙語
主要農產：栓皮櫟、橄欖

小時候，我常常幻想自己長大後成為超級有錢人，住在豪華的房子中，閣樓上有健身房，地窖裡有寵物房，客廳裡擺滿奇珍異寶，餐廳裡還有一個蘇打水噴泉。每當我幻想夢幻住宅時，我的媽媽就會說那是我的「西班牙城堡」。然後我就會問她為什麼叫西班牙城堡，西班牙城堡到底是什麼樣子？

她每次的回答都是：「就是你能想到的最好房子。」

後來我才知道，原來世界上真的有個國家叫西班牙，而且那裡至今還有很多城堡。

歐洲地圖就像一幅「神祕的圖」，你把它轉過來看就會發現，歐洲的版圖像一個矮小的老婦人，頭大大的，背駝駝的，伸出一條長長的腿，把一個足球踢到海中。老婦人的頭是西班牙，戴著的帽子是葡萄牙，衣領是庇里牛斯山脈，衣領下面就是法國。

西班牙不僅在版圖上看起來像歐洲的頭，而且過去有一段時間，真的是歐洲的「首領」，擁有一大片歐洲的土地。哥倫布發現美洲大陸後，西班牙更不僅是歐洲的「首領」，還成了全世界的「首領」。當時，西班牙擁有北美洲的一大塊土地，和除了巴西之外的所有南美洲土地，是全世界最強大的國家。

但現在就連老婦人「頭」的那一塊區域，都不完全屬於西班牙了。從地圖上看，西班牙像在和非洲互碰鼻子，他們就像兩個見了面喜歡互相碰碰鼻子的人。這個西班牙的「鼻子」叫直布羅陀，歸英國所有。

直布羅陀在地圖上看起來像鼻子，但如果你坐船從地中海沿著直布羅陀出去的話，就會發現，直布羅陀地區其實到處是高聳入雲的岩壁。直布羅陀和非洲之間的海峽就叫做直布羅陀海峽，寬度只有英國與法國之間的多佛海峽的一半，但直布羅陀海峽與大西洋之間的水流十分湍急，以前的人花了很長的時間才成功橫渡直布羅陀海峽。

直布羅陀巨巖中藏著堡壘，
裡面是荷槍實彈的士兵。

英國人在直布羅陀海峽旁的岩石（直布羅陀巨岩）上

西班牙地圖看起來像個老奶奶

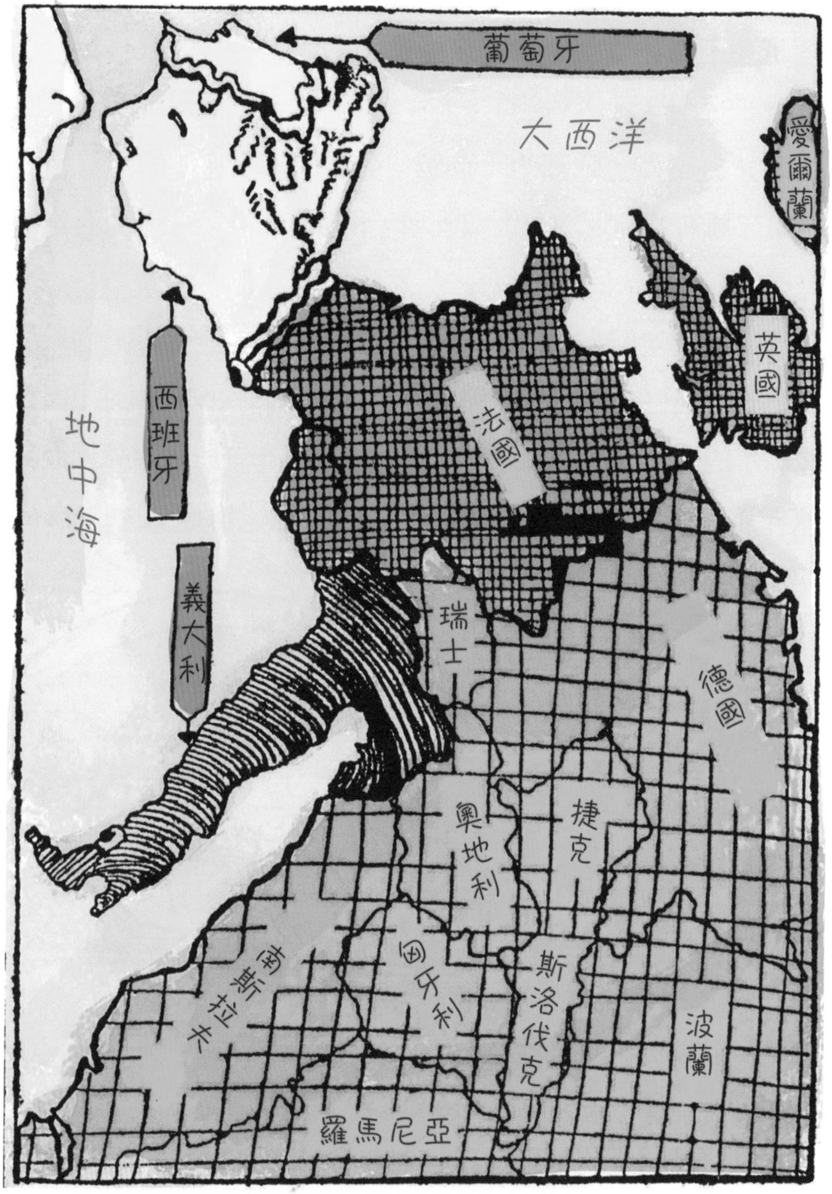

南斯拉夫現已分裂為七個國家：塞爾維亞共和國、蒙特內哥羅、克羅埃西亞、斯洛維尼亞、馬其頓、波士尼亞與赫塞哥維那聯邦、科索沃。

開鑿了像門廳和房間一樣的地方，設有窗戶，架上遠射程的槍支，士兵可以從裡面查看著外面的一舉一動。戰爭時期，只要有敵人靠近，英國士兵就可以從裡面開槍消滅敵人。

很久很久以前，地中海附近的人一直以為地中海就是整個世界，不知道地中海以外是什麼樣子。那時的水手和航海家都認為船隻只要穿過直布羅陀海峽進入大洋，就會非常危險。於是他們在海峽兩邊立起了柱子，並在柱子上掛警示牌，寫著「禁止穿越」，提醒船隻不要穿過海峽。這些柱子叫做「海克力斯之柱」。那時的人認為，如果行船越過海克力斯之柱，就會到達海洋的盡頭，然後連人帶船掉進無底的深淵。哥倫布不相信這種愚蠢的想法，毫無畏懼地乘船出發。他當時從海克力斯之柱外的一個地方出發，在海洋上一直向西航行，直到抵達美洲大陸。

哥倫布航海前，住在西班牙的是一群摩爾人，他們是從非洲來到西班牙定居的，與歐洲其他人不一樣。摩爾人不信耶穌，信奉的是一個叫穆罕默德的人，神祇叫阿拉。摩爾人建造了許多漂亮的宮殿，當然風格跟基督徒建造的宮殿完全不同。他們的王子就住在其中一座叫做「阿爾漢布拉宮」的宮殿裡，位於格拉納達城的山上，離直布羅陀不遠。

西班牙的基督徒不喜歡摩爾人，常與摩爾人交戰，最後終於將摩爾人趕回非洲。哥倫布西行前，西班牙女王就在阿爾漢布拉宮接見哥倫布，為他送行，祝福哥倫布能找到新大陸。阿爾漢布拉宮現在還在格拉納達城的山上，一直都維持著宮殿的原貌，供遊客參觀欣賞。宮殿的牆壁沒有粉刷或油漆，而是貼著彩色的瓷磚；大門不是方的，而是馬蹄形的；庭院中有美麗的噴泉和浴池，以前摩爾公主就在此沐浴。

西班牙城市塞維亞，有世界上第三大的教堂。這是個基督教教堂，建造於摩爾人被逐出西班牙之後。哥倫布的骨灰就埋葬在這個教堂裡，但我前面就告訴過你，其實那根本不是哥倫布的骨灰，而是他兒子的骨

灰。哥倫布的骨灰其實還在海地的某個地方。

過去，摩爾婦女會用面紗遮臉，不戴面紗就不能外出。西班牙婦女也戴面紗，不過不是為了遮臉，而是為了遮陽，將面紗戴在頭上，當作帽子。有的面紗是蕾絲做的，非常漂亮。她們會在頭髮上裝飾著一把又大又長的梳子，並以彩色的絲綢披在肩上，夏天時，手中還會拿著漂亮的扇子。

塞維亞的夏天很炎熱，中午時大家都盡量避免外出。美國的小朋友中午都會睡午覺，而西班牙連大人都要睡午覺！

西班牙婦女會在頭上別一把長長的梳子，面紗從頭上一直垂到肩上。

校長爺爺小叮嚀

1. 如果你把歐洲地圖順時針翻轉 90 度，看起來就像一個駝背的老婦人，她的頭就是西班牙，頭上的帽子是葡萄牙，衣領是庇里牛斯山脈，衣領下面就是法國。
2. 哥倫布發現新大陸美洲後，曾讓西班牙成為全世界最強大的國家。
3. 西班牙下方的直布羅陀為英國領土，它與非洲中間的海峽，就稱為「直布羅陀海峽」。

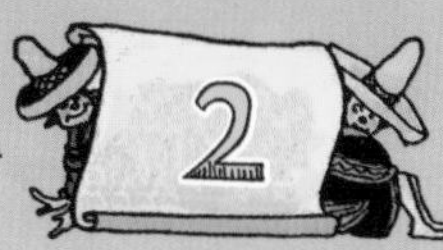

西班牙（2）

隨心所欲的西班牙人

西班牙小檔案

英文名稱：Spain
總面積：50萬平方公里
人口數：4600多萬人
首都：馬德里
最大城市：馬德里
貨幣：歐元
語言：西班牙語
主要農產：栓皮櫟、橄欖

當我還是個小男孩時，曾經使盡力氣翻過一個柵欄，跑到一塊田裡去。我心裡正得意自己做了一件很厲害的事，就發現遠處有一頭公牛朝我衝過來，嚇得我拔腿就跑，回過頭拚命地再翻過柵欄，驚險地躲過公牛角。我覺得公牛一點都不可愛，一點都不好玩。但在西班牙，每逢週末和節日，大家就會成群結隊地到露天的鬥牛場觀看鬥牛。

鬥牛場中間有一塊沙地，旁邊圍著柵欄，人們就坐在柵欄外的座位上看鬥牛表演。場地邊緣有一扇門，時間一到，一頭健壯的公牛就會破門而出，朝場中央奔去。場中的鬥牛士手中拿著紅色斗篷，在公牛面前不斷揮舞。公牛一見到紅色就會爆怒，低著頭、斜著角，然後向斗篷衝去。眼看牛角就快頂到鬥牛士了，鬥牛士敏捷地往旁邊一跳，躲過公牛的攻擊。憤怒的公牛轉身速度沒那麼快，只能眼睜睜看著鬥牛士跳開。就這樣，鬥牛士一遍又一遍地逗弄公牛，就像貓玩弄老鼠一樣。最後，鬥牛士會抽出一把長劍，猛地刺向公牛，把公牛刺死。

我覺得這個遊戲真是太殘忍了，你也是這麼覺得的，對吧？西班牙人卻不這麼認為，他們還覺得我們會這樣想很奇怪呢！西班牙人說，全世界的人都會為了吃牛肉而宰殺牛隻，也是很殘忍啊，但卻不能給人帶來任何樂趣。他們覺得鬥牛是為人們帶來很多歡樂的活動。

鬥牛士必須非常勇敢，而且要擁有十分嫻熟的技術，可不能在沙地上滑倒，否則就會葬身在牛角下。棒球是美國的全民運動，幾乎每個城鎮都有棒球場或棒球館。而西班牙則幾乎每個城鎮都有鬥牛場，鬥牛就是西班牙的全民運動。小男孩也會玩鬥牛遊戲，不過，當然不是真的和兇猛的牛玩，是由一個人扮演公牛的角色，另一個人扮演鬥牛士，互相追逐。

鬥牛士用一個紅色斗篷戲弄公牛，就像貓玩弄老鼠一樣。

幾乎每個國家都有自己最喜愛的運動，西班牙的女孩不喜歡跳繩，而是喜歡跳舞。她們會一邊用手打著響板，一邊舞動身軀，有時還會一邊唱歌。

那種響板看起來很像大顆的栗子。我們會在不同地方跳繩，或玩「跳房子」遊戲，西班牙女孩則會在各種不同的地方跳舞，如街角、公園、廣場等。即使在塞維亞大教堂，在某些宗教節日時，唱詩班的男孩也會在聖壇前拿著響板跳舞。這很特別哦，全世界只有在西班牙，才能看到有人在教堂中跳舞。

西班牙的房子沒有前院，沒有後院，也沒有旁邊的院子。他們的院子設在土地的中間，房間圍著院子建造。這樣的院子叫做「天井」，通常作為起居室或餐廳。

你在西班牙坐火車時，可能會看到窗外有一種非常奇怪的樹，和美國的樹完全不同，這種樹叫做栓皮櫟。我們平時用的瓶塞不像莓果或桃子那樣生長在樹上的，而是用栓皮櫟的樹皮做的。人們把大塊的樹皮砍下來，做成大大小小的塞子，而栓皮櫟會慢慢長出新的樹皮。通常需要九年時間，新的樹皮才能用來做塞子。

你現在幾歲呢？如果你家有種栓皮櫟，它的年齡可能和你差不多哦，有的可能比你還大呢。

栓皮櫟的樹齡很長，通常比人的壽命還長。西班牙還有一種橄欖樹，

西班牙女孩不喜歡跳繩，喜歡一邊用手打著響板一邊跳舞。

西班牙首都馬德里就像巴黎一樣美麗。

樹齡更長，據說可以活一千年。橄欖樹的果實就是橄欖，長得像綠色的小櫻桃。從很久很久以前開始，人們就把橄欖當作食物了，不過至今都還是有很多人不習慣橄欖的味道。除了直接食用，橄欖還能壓榨成橄欖油，拌沙拉時可以當作調料，是最佳的食用油。西班牙人都用橄欖油烹調食物，而不是奶油。他們還用橄欖生產出卡斯提爾皂，是一種很純正的橄欖皂，你可能用過哦！

古時候，人們會為比賽獲勝者戴上由橄欖枝做成的花環；戰亂時，傳遞和平資訊的信使會隨身攜帶一枝橄欖枝。後來，橄欖枝就成了和平的象徵。

在西班牙的部分地區，種植著滿滿的橄欖樹。就算你坐一整天火車，窗外看到的景像都會是橄欖樹林。你可能會懷疑，他們種那麼多橄欖樹有什麼用呢？當然有用啦，西班牙人根本就離不開橄欖，就像我們離不開麵包、奶油、蔬菜和肉類。除了自己使用之外，西班牙每年還向很多國家出口大量橄欖和橄欖油。

前面我們說過，人們會稱讚漂亮的城市像巴黎一樣美麗，而西班牙的首都馬德里就是被這樣稱讚的。馬德里的位置差不多是整個國家的中心點，這個城市以前的街道十分狹窄，房屋也很矮小，改建後的新馬德里則有著寬闊的林蔭大道和宏偉美觀的建築。如果不是聽到旁邊的人講西班牙文的話，你會覺得自己是在巴黎或紐約。

西班牙人給人的感覺是隨心所欲，老愛說「明天吧，明天吧」，能拖的事情就盡量拖。

在馬德里，如果你告訴當地人你是美洲人的話，他們會以為你講的是南美洲，因為他們覺得「美洲」指的就是「南美洲」，畢竟他們跟南美洲有一段難分難捨的過去。很多西班牙人在南美洲發財後，都會回到馬德里居住。對他們而言，故鄉的房子就是他們的「西班牙城堡」！

兩兄弟各自成家後還住在一起的話，一不小心就會吵架；若是兩家人分開住，說不定感情還會升溫。葡萄牙和西班牙就像一戶人家的兩兄弟。這兩國人民說的語言很像，生活方式和其他方面也都很像。兩國曾經試圖聯合起來，結果卻不如人意，後來還是各自發展。葡萄牙人和西班牙人都喜歡唱歌跳舞，都種植栓皮櫟和橄欖樹，都喜歡鬥牛。不同的是，葡萄牙人不會殺死公牛，鬥牛的時候會把牛角包起來，鬥牛士也不容易受傷。

校長爺爺小叮嚀

1. 栓皮櫟為地中海地區的特有樹種，樹皮可以用來製作軟木塞。
2. 西班牙人都用橄欖油烹煮食物，每年也都對外出口大量橄欖與橄欖油。
3. 不同於西班牙的鬥牛，葡萄牙人不會殺死鬥牛，也會把牛角包裹起來，避免鬥牛士受傷。

義大利（1）

「靴子」之國

義大利小檔案

英文名稱：Italy
總面積：30萬平方公里
人口數：6000多萬人
首都：羅馬
最大城市：羅馬
貨幣：歐元
語言：義大利語
主要農產：奇異果、葡萄、朝鮮薊

你聽過這句順口溜嗎？有個老婦人，住在鞋子中，孩子一大堆，只能喊頭痛。

歐洲還真有一隻「靴子」，裡面住著很多很多大人和小孩。從地圖上看，義大利就像是一隻靴子。有太多太多人住在這隻「靴子」裡了，所以有的義大利人就跑到美洲去。你猜，誰是最早這麼做的義大利人？就是克里斯多夫．哥倫布！你可能會覺得很奇怪，哥倫布的航海之旅不是從西班牙出發的嗎？怎麼又說他是義大利人呢？其實哥倫布是在義大利出生的，他家住在靴子頂部一個叫熱那亞的城市。現在熱那亞城還保留著他的故居，火車站外也豎立著他的雕像哦。許多船隻現在也會從熱那亞出發去美洲大陸，不過船員都對航線一清二楚了，不像哥倫布完全靠自己摸索。

靴子頂部還有一個著名的城市「威尼斯」，它不在水邊，不在水上，而在水裡。整座威尼斯城市建在許多小島上，所以他們的街道其實就是水道和橋樑。那裡的人出門都是搭船，而不是開汽車或坐馬車。其中有一條非常寬闊的運河叫「大運河」，每條運河上都有很多大大小小的橋。當地的船漆成黑色，中間有個小船艙，像封閉的小汽車，船頭有一個奇形怪狀的東西，看起來就像一把豎著的梳子。這種船叫做鳳尾船，是義大利特有的船，也有人直接音譯，叫它「貢多拉」。

船夫會站在船艙後面，用一支船槳搖著船前進。運河的十字路口沒有交通指示牌，一到路口，船夫就會「嗬！」地喊一聲，喊聲聽起來有點搞笑；若是附近有其他船隻，那些船夫也會「嗬！」地回應一聲。

威尼斯特有的船隻——貢多拉（義大利畫家加納萊托於一七三〇年所繪）。

威尼斯人相信聖馬可為他們帶來了好運，就為他建造了這座教堂。

如此一來一往，船在經過十字路口時就不會相撞。船沒有喇叭，也沒有車輪，不會發出惱人的噪音，所以威尼斯是一個非常寧靜的城市，能不時地欣賞到美妙的歌聲和音樂。

很久很久以前，這些小島就存在了，但還沒有威尼斯這個城市。後來有個叫威尼蒂的民族，因為受不了北方蠻夷部落的侵擾，就舉族搬到這些小島上，避開蠻夷部落。威尼蒂人用不易腐爛的雪松木做成柱子，在柱子上造房子。

他們的主要食物是魚類，因為地利之便，只要在門外放根魚竿或撒張魚網，就能捕到很多魚。魚實在太多了，多到吃不完，為了讓魚能保存比較久，威尼蒂人就用將海水曬乾得到的鹽醃魚。

威尼蒂人一直住在水上，他們的身影遍布地中海的每個角落，是非常出色的水手。他們將魚和鹽賣到其他國家，帶回絲綢長袍、毛毯和珠寶。歐洲其他地方的人知道威尼蒂人有這些好東西，紛紛來到這裡向他們購買物品。

於是威尼斯發展成歐洲最大的市場和購物天堂。有了威尼斯城後，大家就稱威尼蒂人為威尼斯人。他們變得越來越富裕，在運河邊建造了許多輝煌的宮殿。

威尼斯人相信是一位叫聖馬可的聖人為他們帶來了好運，就建造了一個氣勢雄偉的教堂紀念聖馬可。他們還找到聖馬可的遺骨，埋在教堂的聖壇下面。聖馬可教堂的外觀和我們前面講過的教堂都不一樣，它有五個圓頂，四面各有一個，並有一個大圓頂在正中央。這些圓頂和聖保羅教堂以及美國國會大廈的圓頂不同，形狀像一顆顆洋蔥頭。

我們平時畫畫，或觀賞別人的畫，都知道畫作一般都是用顏料畫的。你有沒有看過不是用顏料畫的畫呢？若是你到聖馬可教堂參觀，就能看到哦！這個教堂裡裡外外有成千上萬幅畫，都不是用顏料畫的，而是用彩色的石頭、黃金和彩色的玻璃一點一點砌起來的。這種畫叫「馬賽克」，顏色和材質都十分堅固，不像顏料畫會褪色或從牆上脫落。

你有養寵物嗎？該不會是一隻小狗吧？威尼斯人認為聖馬可是養獅子當寵物的，於是在教堂前的圓柱上擺放了一尊長有翅膀的獅子雕像。教堂的門上方還有四匹青銅馬。這四匹馬是耶穌在世時製作的，隨著統治者不斷更換，它們也不停地遷移，顛沛流離，最後終於回到威尼斯。

威尼斯最大的空地就是聖馬可教堂前的廣場，廣場上有成群的鴿子。這裡的鴿子不怕人，非常溫順，會停在你的手上或肩上，

威尼斯的
鳳尾船

聖馬可的
翼獅

嘆息橋

向你要東西吃。據說很久以前，因為一隻信鴿及時送來了戰爭情報，才讓威尼斯免受敵人襲擊，拯救了整個城市。從此，威尼斯人就十分善待鴿子，傷害鴿子的人可能會被拘捕，嚴重的甚至會被判刑！你有沒有聽說過「美洲大陸是由一隻鴿子發現的」這種說法？這可不是沒根據的胡說八道哦，義大利語的「哥倫布」就是鴿子的意思，所以說美洲大陸是鴿子發現的，還真沒錯呢！

威尼斯現在是義大利的一個城市，但它也曾經是一個獨立的小國，使用自己的貨幣，有自己的統治者——總督。總督就相當於一國的總統，可以像國王一樣住在宮殿中，也可以像法官一樣判罰做壞事的人。總督宮殿的河對面就是監獄，中間連著一座橋，做了壞事的人被判刑後，就直接從橋上被帶到監獄。很多犯人在橋上都會嘆息抱怨，所以後來的人就稱這座橋為「嘆息橋」。

威尼斯大運河上有一座橋叫「雷亞托橋」，橋的兩旁商店林立。如果說威尼斯是歐洲的購物中心，那麼雷亞托橋就是購物中心的百貨商店，各種商品應有盡有。著名的英國作家威廉・莎士比亞寫過一齣戲劇《威尼斯商人》，裡面有個角色就是在雷亞托橋上開店的商人。

餵鴿子

聖馬可教堂的廣場上有成群的鴿子，牠們停在你的手上，等著你餵東西吃。

一開始，威尼斯人靠魚和鹽這兩樣普通的東西謀生，從而走上了發財致富的道路。他們還有另一個發財的祕訣，也是一樣普通的東西，你猜是什麼呢？就是沙子。沙子似乎是很不值錢的東西，但威尼斯人發現，將當地的沙子放在熔爐中熔化，可以製成玻璃。他們還發現，可以將熔化的玻璃吹成各種形狀的東西，就像我們吹泡泡一樣，能吹出各種各樣的瓶子、花瓶、珠子和酒杯。

吹製玻璃的工匠也像著名的畫家和音樂家一樣，成為非常有名的藝術家，所做的玻璃製品會備受人們追捧，價格高昂，能賺很多錢，社會地位也非常高，有一位玻璃工匠還當過總督，也有工匠女兒和王子結婚的呢！

威尼斯是個特別又美麗的城市，世界各地的人都會去那邊旅遊，參觀聖馬可教堂、總督宮殿，到附近著名的麗都海灘戲水、觀景，並搭乘鳳尾船遊城，在溫暖的夜晚聆聽美妙的歌聲和琴聲。這裡處處有著浪漫的氛圍，很多女生希望將來能去威尼斯度蜜月。

曾經有個美國女孩從威尼斯寄回一張明信片，上面寫著：「我在威尼斯哦，這裡實在太棒了！金碧輝煌的宮殿、燦爛炫目的落日和美妙動聽的音樂，我正坐在船上，徜徉在運河上，陶醉其中。」

義大利這隻「靴子」躺在地中海中，靴子頂部的威尼斯與海交界的地方是亞得里亞海。由於威尼斯城風情萬種，因此得到「亞得里亞海女王」的美名。那真是個神奇的地方，居然以魚、鹽、船和沙聞名。

! 校長爺爺小叮嚀

1. 在地圖上，義大利就像隻靴子的形狀。
2. 威尼斯位在義大利北方，也就是「靴子」的頂部。
3. 義大利聖馬可教堂利用許多彩色石頭為牆壁作畫，也就是「馬賽克畫」。

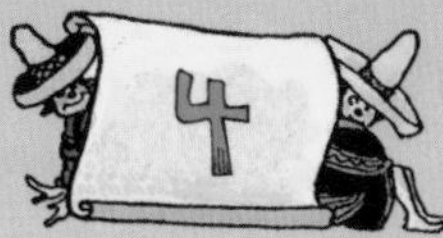

義大利（2）

佛羅倫斯的天堂之門與天堂之頂

義大利小檔案

英文名稱：Italy
總面積：30萬平方公里
人口數：6000多萬人
首都：羅馬
最大城市：羅馬
貨幣：歐元
語言：義大利語
主要農產：奇異果、葡萄、朝鮮薊

有一條山脈，像海怪的脊背那樣，從南到北貫穿整個義大利，它叫「亞平寧山脈」。**要在義大利東西部間往來，必須穿過亞平寧山脈，所以亞平寧山脈有許多隧道。若你從威尼斯穿過亞平寧山脈到佛羅倫斯，就要經過四十五個隧道！**

佛羅倫斯原本是女生的名字，意為「含苞待放」。當火車蜿蜒前進時，你可以眺望城裡的屋頂。城市中央有一個巨大的圓頂，像火車車輪的輪轂（也稱輪圈），圓頂旁邊是一座高大的方形塔樓。圓頂和塔樓都是在哥倫布出生前建造的。這個圓頂看上去很像倫敦聖保羅教堂的圓頂，但這個圓頂的建造時間比較早，所以我們應該說聖保羅教堂的圓頂跟它很像才對。事實上，除了聖保羅教堂的圓頂，華盛頓國會大廈的圓頂和世界上其他同類型的圓頂都是仿照它建造的。

更早之前，人們建造的都是小小的圓頂或平平的圓頂，後來佛羅倫斯人建造大教堂時，想做出一個與眾不同、比其他屋頂更大更漂亮的圓頂，讓後人覺得他們很厲害。圓頂通常都用石頭建造，下方是空的，沒有任何支柱，就像拱橋和拱門一樣。水泥無法將石塊固定住，必須讓石塊互相契合，才能支撐整個結構，不會坍塌。建造者通常會先用木頭支架裝著石塊，等到所有石塊都各就各位了，再把支架拿走。石塊緊密地貼合在一起，彼此牽制，無法動彈；就像小朋友放學的時候，如果大家都一股腦兒的往門口擠，誰都出不了門一樣。

佛羅倫斯的這座聖母百花大教堂的圓頂實在太大了，當時沒有人知道應該如何建造。如果要用木架做成建築的基礎結構的話，需要砍掉整片森林的樹木才足夠完成。也有人想些怪招：「不如我們用很多土，堆成一座山吧！把圓頂蓋在山頂，然後再把土移走就好了。而且我們要在土裡埋很多很多錢幣，等圓頂完成後，大家為了拿土裡的那些錢幣，就會把土清得一乾二淨，剩下完成的圓頂啦！」不過這樣的想法似乎太過異想天開了，根本沒人想嘗試。

只有布先生知道怎麼建造這個「天堂之頂」。

最後，有兩位一直把對方視為眼中釘的藝術家，都說自己知道該怎樣建造這個圓頂。其中一位叫布魯涅內斯基，我們就簡稱他「布先生」；另一位叫吉伯第，我們就簡稱他「吉先生」。兩人一直是對手，當然不願意告訴對方自己打算如何建造這個圓頂。

最後，由布先生接到這個任務，吉先生被指派為他的助手。吉先生當然很不樂意屈居第二，就一直跟別人說布先生的壞話，說他根本不知道建造圓頂的方法，圓頂才完成不了呢。布先生剛開始不想理會無理取鬧的吉先生，專心帶領自己的工人展開建造工作。不管他們做得多好，吉先生都造謠說他在亂蓋房子，還不停地取笑布先生。

後來布先生生氣了，他實在受不了一直喋喋不休、道人長短的吉先生，索性假裝自己生病，躲回家讓耳朵清靜清靜。首席建築師布先生不在現場，工程當然無法繼續。這時正好蓋到兩邊的石塊要在中間匯合的地方，而這是整個工程最困難的部分。吉先生趁機到處說：「他根本就沒生病，只是假裝生病罷了，就像不想上學的小男孩，都會撒謊說身體不舒服而偷懶。其實啊，他是不知道該怎麼繼續蓋了吧。」於是佛羅倫斯人就到布先生家裡，懇求布先生繼續建造圓頂。

「我生病了，不能繼續工作。」布先生說：「吉先生不是說自己很擅長造圓頂嗎？就讓他接著蓋吧！」於是人們去找吉先生，請他試一試。吉先生終於等到這一天了，興致勃勃地繼續工程。但他只做了一點點，就再也進行不下去了。其實不知道該怎麼蓋的人是他自己！

人們面面相覷，總不能丟著蓋到一半的屋頂不管吧！於是他們又再次前去懇求布先生。

「要我繼續沒問題，但吉先生不准再亂說話。」布先生提出條件。吉先生自知理虧，不敢再多說什麼。布先生繼續進行這項工程，終於完成全世界第一個這麼壯觀的圓頂，是世界上同類圓頂中最漂亮的。而迄今為止，還是沒有人確切地知道他究竟是怎樣完成的。

在這場建造圓頂的比賽中，吉伯第輸得一敗塗地，但他仍是個非常出色的雕塑家。佛羅倫斯大教堂對面有一棟低矮的六面建築，叫聖約翰洗禮堂，洗禮堂的門是用青銅做的。吉伯第根據《聖經》的故事，在門上雕刻了許多栩栩如生的人物和場景。其中一幅畫刻的是亞伯拉罕按照上帝的旨意，正準備在聖壇上用自己的兒子獻祭。

佛羅倫斯另一位藝術家看到這扇門時，忍不住讚嘆：「這些門好美啊，用它們做天堂之門都不為過！」這位藝術家就是著名的米開朗基羅，他和哥倫布生活在同一個時代，也是個義大利人。不過哥倫布其實很少待在祖國，他大部分的時間都在國外旅遊或在海上航行；米開朗基羅卻一輩子都沒離開過義大利。他創作了許多漂亮的素描、油畫、雕塑和建築。那個時代的藝術家精通各種藝術形式，從項鏈到教堂，從油畫

這座古老的橋兩旁的商店裡，出售各種紀念品。

到雕塑，為後世留下各種各樣的藝術作品。

有一天，米開朗基羅撿到一塊上面有一條裂縫而被人丟棄的大理石，他覺得那塊石頭很像年輕大衛的身形，靈感一來，就拿起鑿子雕刻，完成的作品就是知名的「大衛像」。佛羅倫斯有兩座巨大的大衛雕像仿製品，比真人高很多倍。其實在世界各地，不乏大大小小的大衛雕像仿製品，有興趣的話，你也可以在家裡放一個。

漂亮的藝術作品通常都會收藏在原本是宮殿的建築中，當時很多宮殿都是為了防止外人進入才建造的，有些根本就像監獄一樣。從前的富裕家族就住在這些宮殿裡，他們彼此之間無法和睦相處，經常吵架、打架，所以宮殿都建造得像堡壘一樣堅固。

佛羅倫斯不像威尼斯有運河，但有一條亞諾河，河上有幾座橋。其中一座橋名叫「老橋」（Ponte Vecchio），意為「古老的橋」。和威尼斯的雷亞托橋一樣，兩旁商店林立，很多商店都出售用銀、馬賽克、皮革和龜殼做成的裝飾品和紀念品。以前佛羅倫斯人完成許多大型藝術作品，現在佛羅倫斯人則製作這些小藝術品，賣給前往佛羅倫斯旅遊的觀光客。

我們都知道，塔通常都是筆直的。離佛羅倫斯不遠處，有個叫比薩的城市，那裡有一座很奇怪的塔，塔身竟然是傾斜的！其實比薩斜塔剛蓋好的時候是筆直的，後來建築物的地基向一邊塌陷，鐵塔就開始歪斜，好像快倒下來似的。比薩斜塔已經矗立了幾百年，一直在慢慢地傾斜，再這樣下去，未來也許真的會倒下來。（編註：義大利政府為了避免斜塔繼續傾倒，從一九九二年起就請專家進行「矯正」的工作，根據專家推估，這項矯正工程大約可以保證比薩斜塔繼續聳立兩、三百年。）

你還記不記得，我們曾經講過海洋動物的骨骼會變成大理石？大理石的質地各不相同，有的很粗糙，甚至可以看到裡面的骨頭；有的則很細密，很平滑。比薩附近有一座露天礦，能開採出細緻光滑的大理石。這種大理石根據出產地命名，叫卡拉拉大理石。從耶穌時代起，人們就從卡拉拉開採大量大理石，義大利其他地區和世界上其他國家的人要使用優質大理石的話，便會採購這裡的大理石。

比薩斜塔

也許比薩斜塔有一天真的會倒下來。

校長爺爺小叮嚀

1. 往來義大利東西部，必須穿過中間的亞平寧山脈。
2. 美國國會大廈的圓頂，是模仿義大利聖母百花大教堂而來。
3. 著名藝術家米開朗基羅與知名航海家哥倫布，都出身於義大利。

義大利（3）

逝去的城市古羅馬

義大利小檔案

英文名稱：Italy
總面積：30萬平方公里
人口數：6000多萬人
首都：羅馬
最大城市：羅馬
貨幣：歐元
語言：義大利語
主要農產：奇異果、葡萄、朝鮮薊

你聽過「條條大路通羅馬」這句話嗎？兩千年前，無論你從哪條路出發，一直不停地走，都能來到義大利一個叫羅馬的偉大城市。那時的羅馬是全世界最大、最富裕、最漂亮也最重要的城市，可以說是整個世界的首都。

羅馬建在七座山上，七是個吉祥的數字。有一條叫台伯河的河流經羅馬。

曾經壯闊的古羅馬已經消失不見了，如今我們只能看到部分的遺跡。但有人說羅馬是永恆的，古羅馬逝去了，新羅馬又開始成長。當然，羅馬現在只是義大利的首都，不是全世界的首都。

羅馬也是全世界羅馬天主教的中心，住著全世界羅馬天主教的首

聖彼得大教堂的圓頂

聖彼得大教堂是全世界最大的教堂。

領「羅馬教宗」。「教宗」是「父親」的意思。（註 2）

《聖經》中的聖彼得被釘在十字架上處死，他的遺骨就埋在羅馬。據說這個地方直到今天，每天都會舉行一次宗教儀式，已經兩千年了。一開始，宗教儀式只能在晚上偷偷進行，因為那時大部分的羅馬人都不信奉基督教。

任何舉行宗教儀式的人，一旦被抓到，就會被關進監獄，甚至處以死刑。幾百年後，這裡建造了全世界最大的教堂「聖彼得大教堂」。

聖彼得大教堂的頂部有一個巨大的圓頂，是仿照上一章介紹的，布魯涅內斯基完成的圓頂造型建造的，但圓頂更大。這座教堂由偉大的藝術家米開朗基羅設計建造。我前面說過，米開朗基羅既是建築家，也

註2：事實上，羅馬城裡有一個小小的國家，它的面積只有〇．四四平方公里！這個國家是天主教教廷「梵蒂岡」，是中華民國在歐洲唯一的邦交國。聯合國教科文組織在一九八五年第八屆世界文化資產會議中，將梵蒂岡列為世界文化遺產。

是雕塑家和畫家。聖彼得大教堂非常大，大到房頂有一個小小的聚落，房子裡面住著看管教堂的人。

聖彼得大教堂的前門是永不關閉的，而前門右邊的一扇青銅門，則規定二十五年才打開一次。這扇門叫做「聖門」，由石牆圍著。每隔二十五年，信徒會推翻石牆，開啟青銅門。

聖彼得大教堂中能同時進行三十場宗教儀式。為了配合高大的建築，教堂內部很多東西也很大，例如：天使的雕像像巨人一樣，鴿子像雄鷹一樣大；只有少數雕像大小與實物相同，其中一個就是聖彼得的青銅像。全世界的天主教徒來到這裡，都會親吻聖彼得銅像的雙腳，聖彼得的腳趾已經被親吻了無數遍，都被磨得發亮了。

每逢復活節和其他宗教慶典，教堂裡會掛起深紅色的綢布，點上幾千支蠟燭。唱詩班的男孩唱起聖歌，負責準備聖壇的男孩會點香，縷縷清煙朝著高高的屋頂緩緩升起。幾百名牧師穿著漂亮的長袍，紅衣主教戴著紅帽、穿著紅袍，教皇則是一襲白衣，緩慢而莊嚴地列隊行進，從主要的通道走到高高的聖壇。聖壇下方正是兩千年前聖彼得被釘在十字架上處死的地方。

羅馬教皇就住在聖彼得大教堂旁的梵蒂岡宮中。你家裡可能有好幾個房間吧？有些大的房子會有十幾個房間，據說梵蒂岡宮中有一千多個房間，但確切的數字沒人知道。許多大房間中收藏著著名的繪畫和雕塑，成為眾多遊客參觀的博物館。

教皇有一個私人小教堂，叫做西斯汀教堂。米開朗基羅在西斯汀教堂的天花板和牆壁上畫了很多漂亮的畫，如果想舒服地欣賞這些畫作的話，你可以平躺在地板上，也可以用鏡子照著看。

在聖彼得出現之前，羅馬人信奉許多神靈，並有一座為「眾神」建造的教堂「羅馬萬神殿」。羅馬萬神殿也有一個圓頂，不過它和聖彼

羅馬萬神殿內的圓頂。

得大教堂的圓頂形狀不同。聖彼得大教堂的圓頂像一個倒置的巨大杯子，萬神殿的圓頂則像一個倒置的巨大茶碟。

萬神殿沒有窗戶，只有頂部的一個洞，像一隻眼睛注視著天堂。陽光從洞口灑入，雨水也從洞口落下。由於圓頂很高，洞口落下的雨水在空中就蒸發了，永遠不會淋溼下方的地板。

耶穌時代的許多建築現在都只剩下遺址，但這座羅馬萬神殿卻沒有什麼變化，和剛建成時幾乎一模一樣。那些古老建築的周圍都積起了厚厚的灰塵，舊城市的垃圾也堆積了兩千多年，以致於現在的羅馬城比那些建築的遺址高出好幾公尺，必須從土裡把遺址挖出來才能重新看到它們的面目。

古羅馬有個著名的廣場，叫羅馬廣場。廣場上有許多漂亮的宮殿、法院、寺廟和拱門。當時的人之所以建造拱門，是為了讓遠赴戰場的將軍能從拱門下凱旋而歸。

提圖斯凱旋門

提圖斯曾經摧毀了耶路撒冷，為慶祝他的勝利，人們建造了這座凱旋門。

其中一扇叫「提圖斯凱旋門」，是為了慶祝曾是羅馬皇帝的提圖斯，當時成功摧毀了猶太人的首都耶路撒冷而建造的。

另一扇拱門叫「君士坦丁凱旋門」，君士坦丁是在耶穌去世三百多年後第一位信基督教的羅馬皇帝。

競技場過去常常出現殺死基督徒的獅子幽魂。

古羅馬人有個很奇怪的想法，他們很喜歡看人和老虎、獅子等野獸在場上相互廝殺。上場的人，有的是戰爭俘虜，有的是羅馬皇帝下令處死的基督徒。羅馬人特地建造了一個劇場，就是現今著名的古羅馬競技場，坐著觀看人獸廝殺，就像我們觀看足球賽和棒球賽一樣。現在競技場已經有部分毀壞，但仍然屹立在那裡，你還可以看到以前關野獸的地方。

羅馬人還沒信奉基督教前，基督徒不敢公開進行宗教儀式，只能在地下像地窖一樣的地方偷偷地做禮拜。羅馬城外有許多這樣的地方，

羅馬的基督徒地下墓穴。

那時的基督徒生前在那裡聚會，死後就葬在那裡。人們後來把這些地方叫做基督徒地下墓穴，墓穴裡埋葬著幾百萬名基督徒。

校長爺爺小叮嚀

1. 羅馬是全世界羅馬天主教的中心，羅馬天主教的首領「羅馬教宗」也居住在這裡。
2. 羅馬教皇所居住的梵蒂岡宮，收藏了許多著名繪畫與雕塑，也是世界知名的旅遊勝地。
3. 古羅馬人為了慶祝遠赴戰場的將軍凱旋而歸，因而在羅馬廣場建造許多拱門。

義大利（4）

堆得高高的灰燼——維蘇威火山

義大利小檔案

英文名稱：Italy
總面積：30 萬平方公里
人口數：6000 多萬人
首都：羅馬
最大城市：羅馬
貨幣：歐元
語言：義大利語
主要農產：奇異果、葡萄、朝鮮薊

我們都不會認為灰燼好看吧？如果誰家後院有一堆灰燼的話，經過的人看到一定會笑說這真是難看死了。但義大利有一堆灰燼，堆了一．六公里那麼高，大家竟然都覺得它很漂亮。這堆灰燼在拿坡里海灣邊，當地人在那裡建造了許多房屋和飯店，供遊客欣賞灰燼的風景。這堆灰燼就是維蘇威火山，雖然我們稱它為「山」，但它並不是真正的山脈。

關於火山，古時候的人相信神話故事，認為地底下住著一個跛腳的鐵匠，日夜燒著大火爐打鐵。地下冒出的濃煙、火焰和灰燼都是從那個大火爐裡來的。當然，現在我們知道，這只是個幻想的故事，火山的確像個地下的大火爐，但沒有神話人物躲在地下。

拿坡里灣附近有一堆幾乎 1.6 公里高的火山灰。

全世界很多地方有火山，維蘇威火山是最著名的一個。前面我們講過，世界上有些火山是休眠火山，不會噴發，但這座維蘇威火山卻是活火山。它像一個大煙囪，白天時，你可以看到火山口冒出濃煙和蒸氣，晚上時則會看到火山口冒出火光。雖然如此，它一直以來都沒有造成什麼危險。有時火勢非常猛烈，火山裡的石頭會被噴到空中，那些石塊的碎片像灰塵一樣浮在空中，浮上好幾個月，甚至會飄到離火山很遠的其他國家。不過，正是因為火山灰，當地的落日才變得色彩絢麗。

火山的火焰溫度比我們平時煮菜、燒東西的火高很多。我們平時燒的火最多能熔化銅和鐵，熔化不了石頭，但石頭一碰到火山的火焰，就會馬上像奶油一樣熔化，變成熔岩。熔岩從火山口流下，順著山坡不斷往下流，冷卻後重新變成石頭。這樣的石頭叫做火山岩。拿坡里附近有許多火山岩，當地人還用火山岩鋪路呢。

有一次，我剛好在維蘇威火山爆發後去拿坡里，我看到街道上鋪

山頂太熱了，所以我
一路跳下山來。
從維蘇威火山
往下跳

滿了一層灰色的東西，看上去好像灰色的雪，其實那是從維蘇威火山飄來的火山灰。當然，火山灰不會像雪那樣遇熱就融化成水，所以當地人必須用車把火山灰運走，倒入拿坡里海灣中。

我很想看看火山裡面究竟是怎樣的，以前有一條通到山上的鐵路，後來鐵路廢棄了，我只能從山腳徒步爬上去。每走一步，我的腳就會陷入火山灰中，所以我花了半天時間才爬到山頂。我探頭從火山口往下看，但這個舉動相當危險，因為火山口不時會噴出一些石塊，我必須及時躲開。後來噴上來的石塊實在太多，我只好迅速撤退下山。準確地說，我不是「走」下來的，而是「跳」下來的。滿是火山灰的地實在太軟了，我每走一步，就會摔倒，也幸虧地是軟的，不會受傷。沒多久，我就連滾帶爬地回到山腳下了。

在灰裡打滾其實滿有趣的，不過我的衣服就慘了，全部滿布灰燼。我爬上去用了半天時間，下來只用了十分鐘左右，但回到住處花了好幾個小時才把自己洗乾淨！衣服則徹底毀了。

我們都知道有些小鳥會把窩築在煙囪旁，這一點都不奇怪。但如果是在一座活火山的山腳下蓋房子呢？想想都覺得很危險，畢竟活火山隨時都有可能爆發啊！很久很久以前，維蘇威火山附近有一個叫「龐貝」的城市，比拿坡里還靠近火山。有一天，維蘇威火山突然爆發，龐貝城中的居民還沒反應過來，火山噴發出的岩漿和煙塵就淹沒了整個城市，瞬間將所有人埋在下面。

整個龐貝古城在地下埋了一千六百多年才被挖掘出來。雖然因為工程浩大，至今尚未全部完成，不過城中所有的房屋、寺廟和劇院都已經重見天日，遊客可以前往參觀，漫步在兩千年前的街道上，走進兩千年前的商店和房屋，體驗那時候的人過的生活。兩千年前的那些人做夢都想不到，世界末日竟然會在短短的幾秒鐘之內，就降臨到整個城市。

沒有人知道維蘇威火山何時還會大爆發，不過拿坡里的人似乎一點都不擔心，他們看起來總是心情愉快，還能常常看到人們在街上哼著歌呢！全世界很少有城市像拿坡里那樣，能看到人們開心的在街上唱歌，他們實在太豁達了。

在義大利的大街上，很多人會邊吹著口哨邊走路，卻很少聽到有人開口唱歌。但在拿坡里，很多人在大街上唱歌，尤其是晚上。計程車司機在唱歌，衣衫襤褸的街頭頑童在唱歌，就連乞丐也在唱歌，而且他們唱的都是音樂會或歌劇中的歌曲哦！有一位已經去世的偉大歌唱家，就曾經是拿坡里街頭的小頑童，他後來到美國發展，成為全球知名的人物。我們現在還能聽到他以前發行的唱片，他的名字是卡魯索（Enrico Caruso）。

義大利文似乎就是為了歌曲和音樂而生的。有人說，如果你會說義大利文，就會情不自禁地想唱歌。我們現在用的很多樂譜都是用義大利文寫的，上面的說明也是義大利文。這個語文的每個單字幾乎都以母音結尾，所以很適合歌唱。鋼琴、大提琴、女高音和女低音等詞彙，也都起源於義大利文。

拿坡里海灣對面有一個島叫卡布里島，經常出現在義大利的歌曲中。在卡布里島岩石遍布的岸邊，有一個岩洞，洞口非常低，經過時必須低下頭，人們只能乘坐划艇從低矮的入口進去，而海浪高的時候根本進不去。這個洞叫做「藍洞」，洞裡的水湛藍清澈，會讓人覺得船是浮在湛藍的天空中。為什麼裡面的水會那麼藍呢？

如果你在裡面裝一瓶水，帶回家作紀念的話，會發現那些水在外面時和普通的水沒什麼兩樣，也是透明的。很奇怪吧？有機會去的話，自己好好研究一下吧。

校長爺爺小叮嚀

1. 義大利維蘇威火山為活火山，現在還可以看到火山口冒出濃煙、蒸氣與火光。
2. 火山岩是火山噴發後，岩漿順著地勢流下、冷卻後的岩石。
3. 兩千年前，義大利維蘇威火山噴發時，曾淹沒附近的龐貝城。

希臘

諸神的國度

希臘小檔案

英文名稱：Greece
總面積：13萬平方公里
人口數：1千多萬人
首都：雅典
最大城市：雅典
貨幣：歐元
語言：希臘語
主要產物：橄欖、棉花、菸草

我小時候看的第一本書是《伊索寓言》。伊索曾經是奴隸，生活在希臘這個國家，後來因為他寫了很多有名的寓言故事，他的主人就讓他恢復自由。我讀的《伊索寓言》是英文譯本，這本書最初是用希臘語寫的。

希臘是個很小的國家，如果我用手指在地圖上指它的位置給你看的話，指尖就可以蓋住整個國家了。儘管如此，希臘曾經是世界上最偉大的國家，希臘人是世界上最偉大的民族，希臘語也是世界上最偉大的語言。當歐洲其他民族還是野蠻無知時，希臘人已經開始創作最偉大的書籍，建造最輝煌的建築，擁有最出色的學派。有一本全世界最有名的書，最初就是用希臘語寫的，現在已經譯成八百多種語言，讀者的數量也是全世界最多的。你知道我說的是哪本書嗎？就是《新約聖經》。

一開始，希臘人並不信奉《聖經》和耶穌，他們不相信神是唯一的，而認為有很多神，而且所有的神明都住在一座叫奧林匹斯山山頂的雲上面。奧林匹斯山現在仍然屹立著，不過你爬上山頂就會發現，那裡根本就沒有神，那裡的雲也跟其他地方的雲沒什麼不一樣。希臘人認為，太陽出來時，是太陽神阿波羅駕著戰車經過天空；下雨時，是雨神宙斯在往地球上澆水；雷電交加時，代表宙斯發脾氣了。除此之外，他們還相信有愛神、戰神以及主宰世界萬物的神。

希臘主要由兩部分構成，有點像縮小版的南美洲與北美洲。這兩個部分由科林斯地峽隔開，這個地峽只有六公里多那麼寬而已。

北邊的部分有一個偉大的城市，叫做雅典。以前雅典人相信有一

世界上最美的神廟——帕德嫩神廟，如今已是一片廢墟。

位女神智慧女神雅典娜·帕德嫩，眷顧著整座城市，於是就根據雅典娜的名字，將這座城市命名為「雅典」，還在一座高山上建造了全世界最宏偉的神廟，根據雅典娜的姓將神廟命名為帕德嫩神廟。神廟裡原本有一座用黃金和玉石製作的雅典娜雕像，後來雕像不見了，沒人知道它現在流落到哪裡；神廟建築也毀於戰火之中，現在只剩一片廢墟。神廟裡面許多漂亮的雕塑都被帶到倫敦去了，在大英博物館中展示。如果你想看古希臘的美麗雕塑，就去倫敦吧！

除了帕德嫩神廟，那座山上以及整個雅典城中還有許多神廟。這些神廟和基督教的教堂不同，既沒有圓頂，也沒有尖塔，外面還有很多柱子。

離雅典不遠處有一座山，叫彭特利庫斯山，雅典城的建築和雕塑所用的大理石都來自這座山。有人說，古希臘人能創作出那麼多漂亮的雕塑和建築，是因為有上好的大理石可以使用。不過現在彭特利庫斯山上仍然有許多品質優良的大理石，卻沒人能創作出能和那時相比的美麗作品。

以前的人喜歡去神殿算命，離雅典不遠的德爾斐，就有一個非常出名的神殿。那裡的地面上有一條裂縫，裂縫中冒出氣體，上面坐著一位女祭司，旁邊則有一座小小的神廟。我們都知道，醫生或牙醫會用麻藥讓病人陷入睡眠再進行醫療行為，據說這裡冒出的氣體也能讓女祭司安然入睡，睡夢中她能未卜先知，回答信眾問她的問題。那時很多來自世界各地的人都趕去那邊算命，請示女祭司。不過後來，神殿也和雅典娜女神的雕像消失不見了，沒人知道它是何時，又是如何消失的。

你知道自己其實會說一點希臘文嗎？當你說出「音樂」（music）、「博物館」（museum）和「娛樂」（amusement）這幾個詞語的英文時，其實就是在講希臘文哦。這三個詞語是根據九位美麗的女神繆斯創造出來的。繆斯曾經住在德爾斐的「卡斯塔利亞泉」旁邊，據說喝了那裡的泉水，就會有創作詩歌和音樂的靈感。現在卡斯塔利亞泉還在原地汩汩流動，路過的人和羊都會喝裡面的泉水。

很久以前，希臘每年都會舉辦一次運動會，就是現代奧林匹克運動會的前身。這時來自希臘各地的運動員，會踴躍參加跳高、跳遠以及其他競賽項目，競爭獎品。獎品是用月桂枝葉簡單做成的「桂冠」，雖然不是金銀財寶，但代表得獎者是這個項目的佼佼者，是種無上的榮耀。以前雅典有一座體育場，專門舉辦這樣的比賽，後來也成為廢墟了。直到 1896 年，有一位發了財的希臘人決定要為自己居住的城市做點貢獻，就出錢進行體育場的修葺工程，在古老的體育場裡鋪上了大理石，整頓建築。多虧了他，奧林匹克運動會又繼續在這個體育場中舉行。

古希臘每年都會舉辦運動會，也就是現代奧林匹克運動會的前身（希臘雕刻家米隆作品——擲鐵餅選手）。

雅典附近還有一座山叫伊米托斯山，山上有一種特別的蜂蜜。據說這種蜂蜜有宜人的花香，滋味美妙，以前是山上諸神的食物，叫做「仙果」。現在雅典的一些飯店裡也能嚐到這種蜂蜜。

以前的希臘有那麼多著

名的東西，你猜猜看，現在的希臘以什麼聞名呢？是詩歌嗎？不是。是音樂嗎？不是。是雕塑嗎？不是。是漂亮的建築嗎？也不是。希臘現在有名的東西是黑醋栗，一種無核的小乾果，可以加在蛋糕和布丁裡，非常好吃。

在我居住的地方有一家速食店，是一個想來美國發財致富的希臘年輕人開的。他把這家速食店叫做「德爾斐餐廳」。上星期我去那裡吃午餐，故意和老闆開玩笑，問他店裡有沒有仙果。他說：「沒有，今天只有醃牛肉和菜捲！」

! 校長爺爺小叮嚀

1. 許多英文字都起源於希臘文，例如：音樂（music）。
2. 希臘帕德嫩神殿曾經是世界最美的神殿。
3. 奧林匹克運動會起源於古希臘。

動動腦，想想看！

看了這麼多有趣的南歐故事，讓我們看看你知不知道這些問題的答案吧！

Q1 西班牙與非洲之間，隔著哪個重要的海峽呢？

Q2 若要在義大利東西部間往來，必須穿過哪個山脈？

Q3 第一個信奉基督教的羅馬皇帝是哪位呢？

Q4 現在的奧林匹克運動會，源自於哪個國家？

檢查看看，你答對了嗎？

A1 直布羅陀海峽。

A2 亞平寧山脈。

A3 君士坦丁。

A4 希臘。

這些問題你都答對了嗎？
答對了，請繼續跟著校長爺爺，一起探索中歐的故事吧！
答錯了別灰心，翻回前面，讓校長爺爺重新告訴你世界的故事！

中歐

童話的國度

現在，我們來到歐洲的中心——中歐地區。中歐地區不同於南歐，是典型的溫帶氣候區，冬季溫和、夏季炎熱漫長。

我們上一章提到，西歐的比利時與荷蘭，是歐洲地勢最低的國家；而中歐，則有歐洲地勢最高的國家——瑞士。

許多我們耳熟能詳的童話故事《糖果屋》、《睡美人》……也都來自中歐。

中歐小檔案

總面積：101 萬平方公里
人口數：16000 多萬人
主要國家：瑞士、德國

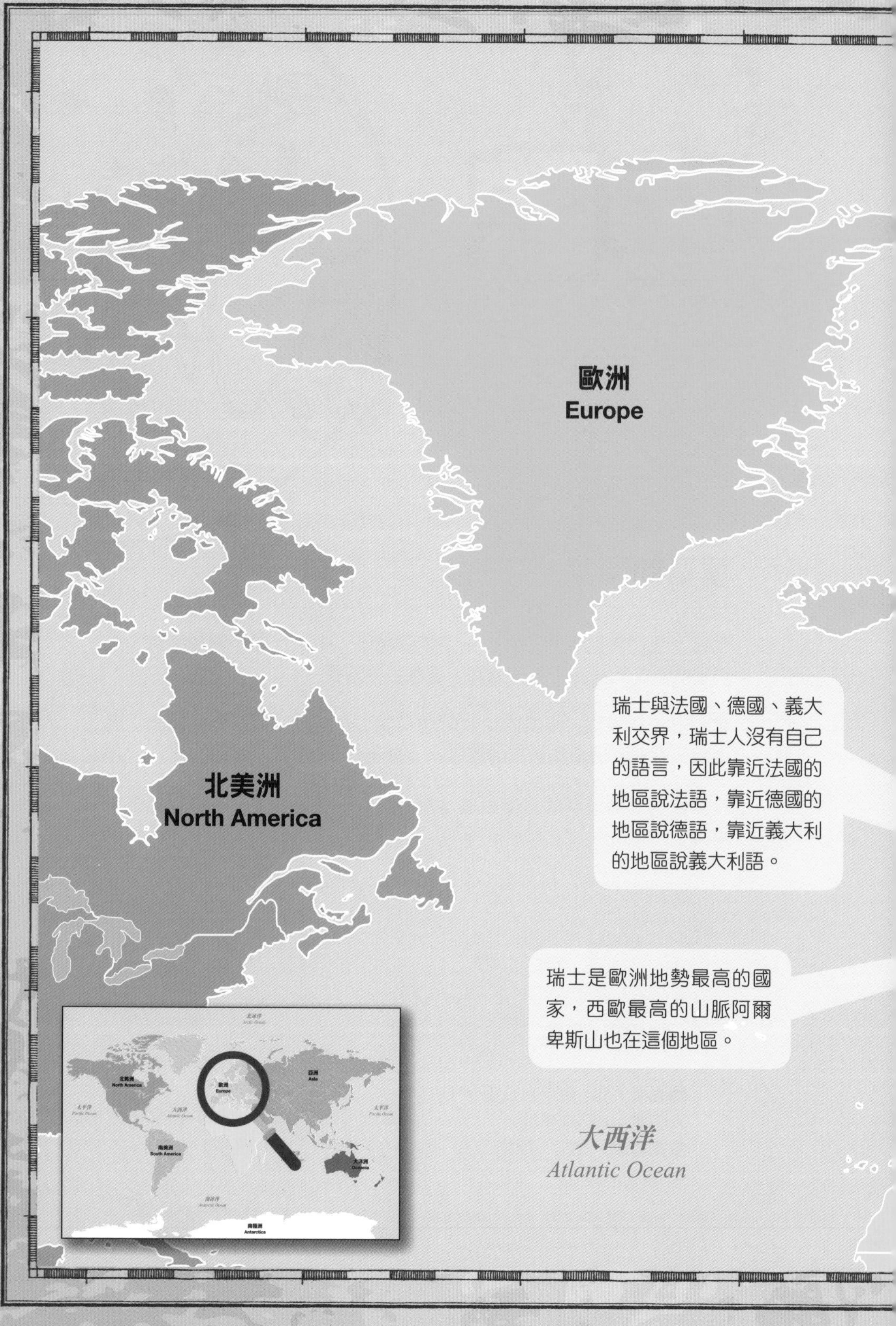

瑞士與法國、德國、義大利交界，瑞士人沒有自己的語言，因此靠近法國的地區說法語，靠近德國的地區說德語，靠近義大利的地區說義大利語。

瑞士是歐洲地勢最高的國家，西歐最高的山脈阿爾卑斯山也在這個地區。

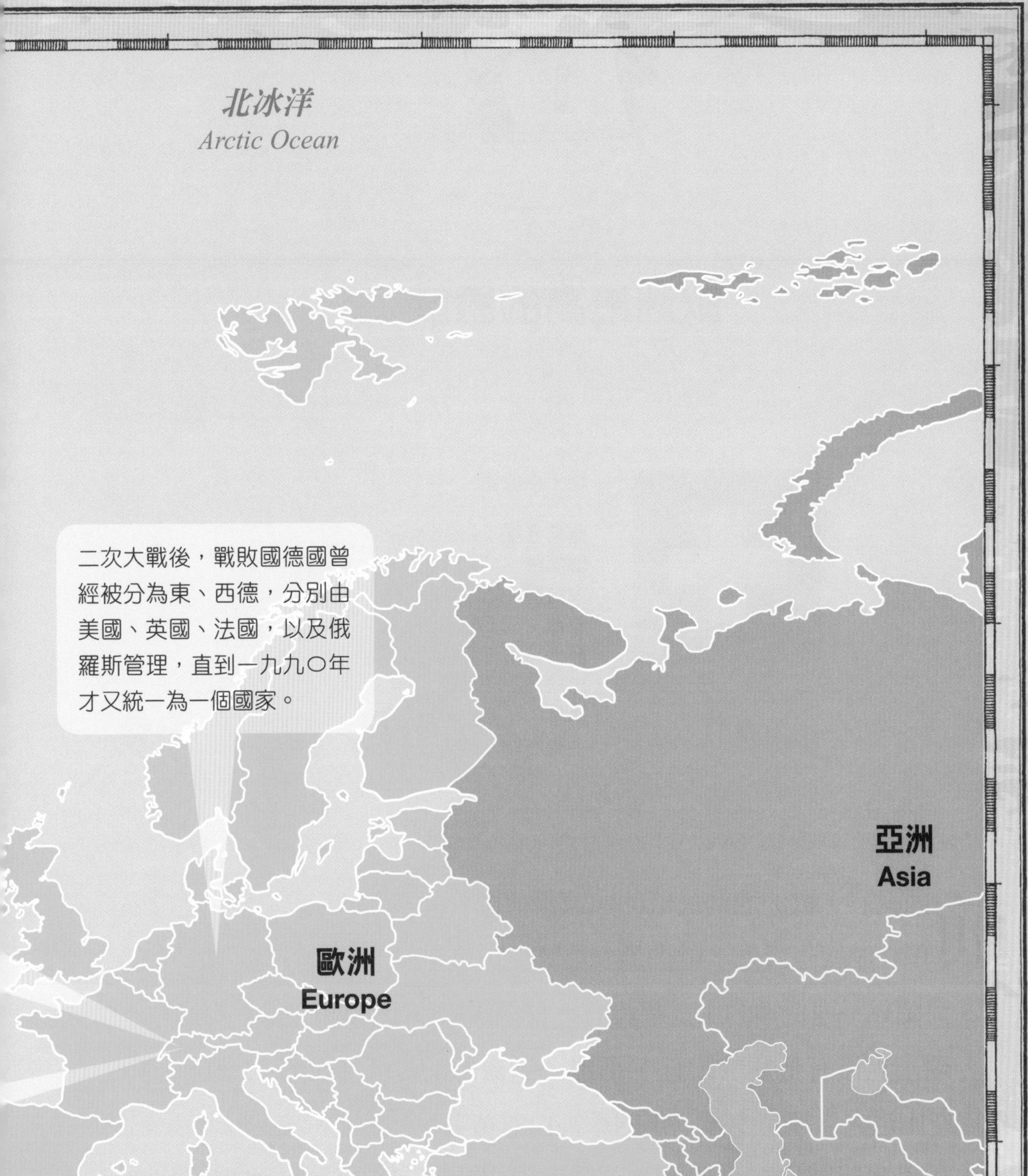
北冰洋
Arctic Ocean
二次大戰後，戰敗國德國曾經被分為東、西德，分別由美國、英國、法國，以及俄羅斯管理，直到一九九〇年才又統一為一個國家。
亞洲
Asia
歐洲
Europe
非洲 Africa

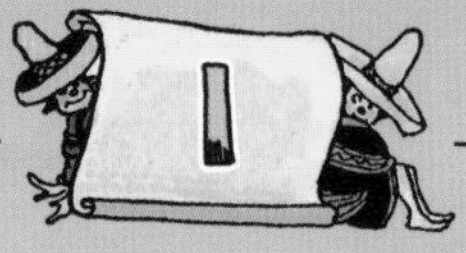

瑞士

歐洲最高的國度

瑞士小檔案

英文名稱：Switzerland
總面積：4萬平方公里
人口數：800多萬人
首都：伯恩
最大城市：蘇黎世
貨幣：瑞士法郎
語言：德語、法語、義大利語
主要產物：瑞士刀、木雕、鐘錶

前面說過，歐洲地勢最低的國家是荷蘭。現在讓我告訴你，歐洲地勢最高的國家是瑞士。

荷蘭幾乎連低矮的山丘都沒有，整個國家平坦得像球場。

瑞士也沒有低矮的山丘，那裡全是巍峨的高山！西歐最高的山阿爾卑斯山也在這裡，山頂一年四季被白雪覆蓋。

如果甜甜圈沒有中間的洞，就不像甜甜圈了；同樣的道理，如果沒有山谷，山脈少了綿延起伏的波折，也不像山脈了。瑞士山脈的山頂常年白雪皚皚，山谷卻總是綠意蔥蘢。牛兒愜意地在田地裡吃草，脖子上的鈴鐺叮噹作響；融化的雪水從山頂流下，形成漂亮的瀑布和潺潺的小溪。

你有沒有看過屋頂的一大片積雪突然滑下來，全部掉到地上？這樣的情景就叫雪崩。想像一下，如果屋頂換成又高又長的山坡，山坡上的雪突然全部滑落到山谷裡，那有多危險啊！瑞士就會發生這樣的事，嚴重的雪崩會埋住山谷中的居民和房子，有時甚至會埋沒整個村莊。

有些又長又寬的山谷中滿是積雪，積雪全部變成冰，就像一條河從河面到河底全部結成了冰。這些山谷中的冰就叫冰川。

大部分河流的源頭都是泉水，而瑞士大部分河流的源頭則是冰川融化的冰水。瑞士最大的冰川之一叫「隆河冰川」。你記不記得前面我們提過一條河叫「隆河」？「隆河冰川」和「隆河」還真的很有關係。隆河冰川底部融化的冰水形成小溪，小溪一路潺潺流下，越來越寬闊，到達山谷後，又有其他小溪加入，最後形成寬大的河流，就是隆河。隆河最後流入寬闊的山谷，形成瑞士最大的湖泊日內瓦湖。

隆河從日內瓦湖的另一側流出，一路奔騰而去，最後流過法國的里昂。我們前面也說到過里昂吧？隆河會經過里昂的桑樹、養蠶農場和

隆河最後流入寬闊的山谷，形成瑞士最大的湖泊——日內瓦湖。

絲綢工廠，最後匯入地中海。

歐洲還有一條有名的河，叫做萊茵河。萊茵河的源頭也是冰川融化的冰水，向北流過法國和德國之間，經過荷蘭，最後匯入北海。

人們冒著生命危險爬上峰頂。

世界上有很多人認為登山是一項很好的運動。山峰越高聳，攀登越有難度，過程越危險，他們就越喜歡去挑戰。阿爾卑斯山脈最高的山峰是白朗峰，白朗峰的一部分位於瑞士，頂峰則在法國。每年夏天，都會有很多人去攀登阿爾卑斯山脈的白朗峰和其他山峰。登山者登山時會借助一根登山棍，棍子末端釘著釘子，他們腳上穿的鞋子底部也有平頭釘，這樣能避免在冰雪上打滑。他們還會請熟悉路線的導遊帶路，並將一整隊人用繩索綁在一起，一旦有人滑倒，其他人可以把他拉起來。

但就算準備工作看似齊全了，還是有很多人在登山時喪生，可能有人突然滑倒摔傷致死，可能有人遭遇雪崩被雪活埋。畢竟大自然和生命都不是我們能掌握的。

瑞士最難攀登的山峰「馬特洪峰」，由遠處看起來就像一個巨大的尖角。只有登山經驗非常豐富，非常勇敢的人，才敢攀登這座山峰。像我這樣不會登山的人會想，冒著生命危險、耗費許多時間和力氣爬上山峰，也只能眺望一下山下的景色，並拍照留念一下，好像有點得不償失。不過很多登山者攀登這座山的原因其實很簡單，只是為了證明自己可以做到！

很多人前往瑞士，不是為了去爬山，而是為了欣賞有著美麗雪景的山脈。只要附近有山峰、瀑布和其他優美的景致，瑞士人就會建造飯店，供遊客居住。整個瑞士有幾千家飯店哦，據說瑞士的飯店業是全世界最發達的。

當然，瑞士還有很多著名的東西：你可能吃過瑞士牛奶巧克力；也可能吃過中間有大大的洞的瑞士乳酪；瑞士的鐘錶也聞名全世界；其他還有瑞士刀、瑞士木雕、有趣的布穀鳥報時鐘、牛頸鈴和音樂盒等等特產。

大部分國家都有陸、海、空三軍，保護國家的安全。瑞士是少數幾個沒有海岸線的國家之一，所以沒有設立海軍。其實瑞士也不太需要軍隊，因為國家周圍那些高大的山脈，就像天然的屏障，能阻擋敵人前進。事實上，二十世紀的兩次世界大戰，附近很多國家都參與了戰爭，但瑞士完全沒有參戰。

瑞士與三個國家交界，分別是法國、德國和義大利。瑞士人沒有自己的語言，和義大利交界的地區說義大利語，和德國交界的地區說德語，和法國交界的地區就說法語，很多瑞士人同時會說這三種語言。

雖然瑞士有很多高山，但你去瑞士卻不用翻山越嶺。每座高山之間有地勢較低的地方可以通行，不過即使是地勢較低的地方，海拔也不低於一千六百公尺。這些地勢較低的地方叫做隘口，前面說過的法國將軍拿破崙，就曾經率領軍隊，從瑞士的新普倫隘口（海拔兩千五百公尺），進入義大利。

除了走隘口，現在要在高山間通行更容易了，因為很多地方都建有隧道，你不必翻過山頭，而是穿過山的肚子到達想去的地方呢！其中最長的一條隧道是「聖哥達隧道」。當時人們挖掘這條隧道時，從山的兩旁分頭挖，最後在中間相會。隧道完成後，很多人都覺得很神奇，兩邊的隧道都有好幾公里那麼長，又是分開挖的，居然能剛剛好在中間會合！建造隧道的工人就說：「才不神奇咧，如果兩邊碰不到一塊才奇怪！我們又不是鼴鼠，亂挖一通。在挖掘之前，專業人士早就規劃好一切了，當然可以在中間會合啦！」

位於新普倫隘口下的隧道，全長二十公里左右，一端是瑞士，另一端是義大利。我曾經坐過火車通過這個隘口，也徒步穿越過。坐火車只花了十六分鐘，徒步卻得花上兩天時間。新普倫隘口的山上有一座教堂，我當初經過新普倫隘口時，就是在那個教堂中借宿過夜的。人們之所以在那裡建造教堂，是為了能讓旅途中的人有個庇護所，遇上暴風雨時，可以進去避一避。

由隧道穿過山峰既方便又安全，選擇走隘口路程的人就少了很多。但在隧道建成之前，旅人只能經由隘口從義大利去瑞士，而且必須夜以繼日地趕路。無論是夏天還是冬天，那裡都很容易發生暴風雪，旅行者很容易迷路，有的人甚至會被凍死。

教堂的修道士可以說是那裡的救命天使。他們心地非常善良，在山間通道旁建造了很多小屋，還養了高大、強壯又聰明的聖伯納犬，訓練聖伯納犬尋找迷路或被大雪掩埋的旅行者。聖伯納犬的嗅覺非常靈敏，能憑嗅覺發現深埋在雪中的人，把人拖出來，並會搖搖昏迷的人，讓他恢復知覺，然後

聖伯納犬絕不會傷害你的哦，牠是你的好朋友。

把他拖到最近的小屋。聖伯納犬的脖子上會繫著一個小桶子，裡面裝著麵包和酒，獲救的人可以吃一點食物補充體力，等暴風雪過去後再繼續上路。

無論是富裕的人還是貧窮的人，無論是高尚的人還是邪惡的人，所有人都能在教堂過夜，都能獲得食物，還能得到溫暖的招待。教堂的主人不會問東問西，也不會向你收錢。你有沒有聽過威廉．泰爾的故事？瑞士有許多湖泊，其中最漂亮的就是琉森湖了，它有「光明之湖」的意思。琉森湖邊有一座小教堂，據說當初威廉．泰爾就是在那裡射穿放在兒子頭上的蘋果。（註 3）

註3：七百年前，瑞士為奧地利所統治。一天，統治者為了羞辱瑞士人，將自己的帽子掛在一根柱子上，要來往的瑞士人民向它鞠躬。帽子象徵著奧地利的統治，向它鞠躬則代表了對統治者的屈服。某一天，威廉．泰爾和他兒子正好經過擺放帽子的那個小鎮，他經過那根柱子時氣宇軒昂，完全不低頭。奧地利人很生氣，覺得這個人太高傲了，因此把他們逮捕起來，抓到統治者面前。統治者久仰威廉．泰爾的箭術，於是就讓他選擇，看他要為不敬禮而入監服刑，或是從百步之外射穿擺在他兒子頭上的蘋果。威廉．泰爾毫不猶豫地拿出了兩支箭。第一支箭，他準確地將兒子頭上的蘋果射成兩半。統治者問他第二支箭要做什麼，他說：「我本來打算，如果第一支箭沒射準，射到了兒子，我就要用第二支箭射穿你的心臟。」統治者大怒，命令將威廉．泰爾終身監禁。然而，載他往監獄去的船在海上遇到了暴風雨，船員們都不知所措。後來有人說泰爾似乎精於駕船，就請求他幫忙駕駛，救救全船的人。泰爾果然將船安全地開到了岸邊，但他一上岸便逃走了。他逃脫之後，就在統治者經常出入的地方埋伏，準備等他一出現，就一箭將他射死。這件事傳播開來後，威廉．泰爾成為瑞士的英雄，激勵瑞士人團結起來，終於脫離奧地利的統治。

! 校長爺爺小叮嚀

1. 瑞士是歐洲地勢最高的國家。
2. 瑞士有許多冰川，其中「隆河冰川」融化的水，最終形成了瑞士最大的湖泊「日內瓦湖」。
3. 阿爾卑斯山脈最高峰為白朗峰，白朗峰一部分位在瑞士，頂峰則在法國境內。

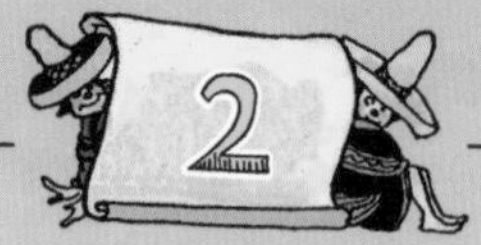

德國

戰爭與童話並存的國家

德國小檔案

英文名稱： Germany
總面積： 35 萬平方公里
人口數： 8200 多萬人
首都： 柏林
最大城市： 柏林
貨幣： 歐元
語言： 德語
主要產物： 汽車、機械、化學品

在上一章中，我們說過，義大利文彷彿是專為音樂而生的。除了義大利人外，德國人也很喜歡音樂，但這兩個國家的音樂風格截然不同。很多德國的音樂作品聲音響亮，會讓人聯想到戰爭場面；當然他們也有溫柔甜蜜的音樂。最著名的搖籃曲和聖誕頌歌都是由德國人創作的，如《平安夜》。世界上一些最著名的歌劇也是由德國人創作的。

搖籃曲和聖誕頌歌似乎很難與戰爭聯繫起來，但德國人將它們連在一起了。德國人除了喜歡音樂之外，還非常好戰。你應該知道第一次世界大戰（簡稱「一戰」）和第二次世界大戰（簡稱「二戰」）吧？幾乎世界上大部分的國家都有參與這兩場戰爭，德國幾乎成了其他國家共同的敵人。

一些世界著名的童話故事就來自於德國。

二戰結束後，打敗了德國的各國將德國分成東德和西德兩部分，以防止德國再度挑起戰爭。東德由俄羅斯統治，西德由美國、英國和法國共同統治。後來東歐的民主運動崛起，在四國的同意下，東德和西德重新統一為德意志聯邦共和國。（註 4）

你喜歡童話故事還是真實的故事呢？許多世界著名的童話故事都是德國人創作的。德國人寫了許多故事、詩歌、歌曲和戲劇，描述居住在萊茵河畔的人的生活，有虛構的童話人物，也有真人真事。前面我們說過，萊茵河起源於瑞士阿爾卑斯山脈的一座冰川，沿著德國西部地區朝北流，流經荷蘭。

萊茵河兩岸都是陡峭的山坡和岩石，從前這裡的山上建有許多城

註4：一九四五年，德國戰敗投降，柏林被英、美、法、俄劃分為四塊占領區；一九四九年時，兩邊分別成立了東德與西德。到了一九六一年，西德用鐵絲網封鎖了西柏林，切斷東西德的往來；這面牆後改為混凝土牆，就是舉世矚目的「柏林圍牆」。一九八九年，西德開放邊境，柏林圍牆不再存在。一九九〇年，分裂達四十五年之久的德國終歸於統一。

這些城堡中過去曾經住著強盜。

堡，城堡中居住著從事強盜行為的貴族，或說他們是擁有貴族頭銜的強盜。他們把城堡建在這裡，既能對山下的人進行搶劫，又能避開別人的偷襲。那時山谷中可憐的人只能主動「進貢」一些東西給強盜，否則強盜就會從上衝下來，搶劫他們的財物，毀掉他們的房子，造成更大的傷害。現在這些城堡大部分都變成廢墟了。

你聽過古龍水嗎？那是一種香水，也可以叫做科隆香水。科隆是萊茵河邊的一個城市，科隆的意思是「殖民地」，因為它曾經是古羅馬的殖民地。科隆有一座非常著名的「科隆大教堂」，是全世界建造時間最長的建築。我現在住的房子，蓋了七年才完成，已經算很久了吧？而科隆大教堂竟然花了整整七百年才完成。

科隆大教堂舉世聞名，但柏林才是德國最著名的城市。二戰以前，柏林身為德國的首都，是世界上最漂亮最乾淨的城市之一，有整潔的林蔭大道、壯觀的石頭建築、漂亮的公園和雕像。二戰結束後，柏林大部分地區成為一片廢墟，許多建築都毀於飛機的轟炸中。

柏林雖然位於由俄羅斯統治的東德，但同時由俄羅斯、美國、英國和法國管理。二戰期間，俄羅斯與其他國家共同作戰，對付德國。但戰爭結束後，俄羅斯對英、美兩國非常不友好，後來甚至還下令不允許統治西德的國家經由鐵路和公路進入柏林。美國和英國只能用飛機運送食物和煤炭，供柏林人民使用。

這樣的情況持續了一年半左右，最後俄羅斯發現，就算封鎖鐵路和公路，也無法阻止他們進入柏林，於是重新開放鐵路和公路的通道。在那一年半期間，所有物資都是經由空中從西德送進柏林，那段時間的空運叫做「柏林空運」。

德國的版圖上有一塊伸出來的地方，像一個大拇指。這塊地方不屬於德國，它是一個叫丹麥的小國。丹麥的一側是北海，另一側是波羅的海。德國也與北海和波羅的海交界，但是，若要從與北海交界的德國城市到與波羅的海交界的德國城市，必須穿過中間的丹麥，非常不方便，於是德國人就在「拇指」的底部開鑿了一條運河，叫做「基爾運河」，也稱為「北海—波羅的海運河」。

! 校長爺爺小叮嚀

1. 第二次世界大戰結束後，德國被分為東德與西德；東德由俄羅斯統治，西德由美國、英國、法國共同統治。
2. 一九九〇年，分裂的東德與西德，又再次統一成為德國。
3. 德國上方有一小塊凸起的地方，為丹麥的領土，並非德國領土。

動動腦，想想看！

看了這麼多有趣的中歐故事，讓我們看看你知不知道這些問題的答案吧！

Q1 歐洲地勢最高與地勢最低個國家，分別是哪兩個呢？

Q2 你知道瑞士最大的湖泊是哪一個呢？

Q3 第二次世界大戰結束後，分裂的東德與西德，分別由哪些國家統治？

檢查看看，你答對了嗎？

A1 歐洲地勢最高的國家是瑞士，地勢最低的國家是荷蘭。

A2 日內瓦湖。

A3 東德由俄羅斯統治，西德由美國、英國、法國共同統治。

這些問題你都答對了嗎？
答對了，請繼續跟著校長爺爺，一起探索《給中小學生的世界地理【下冊】》的故事吧！
答錯了別灰心，翻回前面，讓校長爺爺重新告訴你世界的故事！

延伸閱讀

世界很大，地理內容很多，為了不讓大家看得太累，也不會因為書本太重而手痠，所以《給中小學生的世界地理》共分成上下兩冊，下冊，美國最會說故事的校長爺爺—維吉爾．希利爾，將帶大家繼續這場環遊世界之旅！

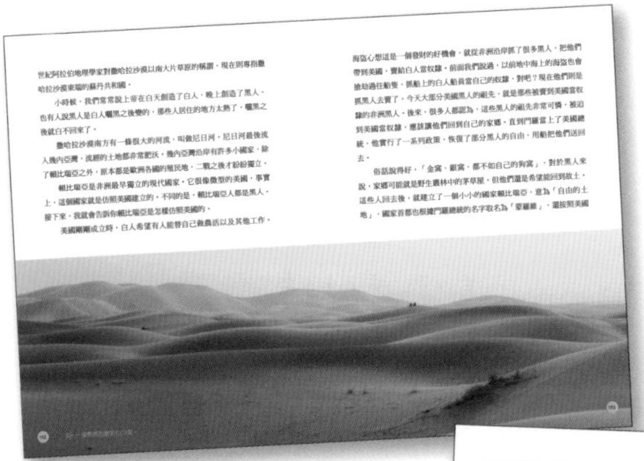

世紀阿拉伯地理學家對撒哈拉沙漠以南大片草原的稱謂，現在則專指撒哈拉沙漠東端的蘇丹共和國。

小時候，我們常常說上帝在白天創造了白人，晚上創造了黑人，也有人說黑人是白人曬黑之後變的，那些人居住的地方太熱了，曬黑之後就白不回來了。

撒哈拉沙漠南方有一條很大的河流，叫做尼日河，尼日河最後流入幾內亞灣，流經的土地都非常肥沃。幾內亞灣沿岸有許多小國家，除了賴比瑞亞之外，原本都是歐洲各國的殖民地，二戰之後才紛紛獨立。

賴比瑞亞是非洲最早獨立的現代國家，它很像微型的美國，事實上，這個國家就是仿照美國建立的，不同的是，賴比瑞亞人都是黑人。接下來，我就會告訴你賴比瑞亞是怎樣仿照美國的。

美國剛剛成立時，白人希望有人能替自己做農活以及其他工作，海盜心想這是一個發財的好機會，就從非洲沿岸抓了很多黑人，把他們帶到美國，賣給白人當奴隸。前面我們說過，以前地中海上的海盜也會搶劫過往船隻，抓船上的白人船員當自己的奴隸，對吧？現在他們則是抓黑人去賣了。今天大部分美國黑人的祖先，就是那些被賣到美國當奴隸的非洲黑人。後來，很多人都認為，這些黑人的祖先非常可憐，被迫到美國當奴隸，應該讓他們回到自己的家鄉。直到門羅當上了美國總統，他實行了一系列政策，恢復了部分黑人的自由，用船把他們送回去。

俗話說得好，「金窩、銀窩，都不如自己的狗窩」，對於黑人來說，家鄉可能就是野生叢林中的茅草屋，但他們還是希望能回到故土。這些人回去後，就建立了一個小小的國家賴比瑞亞，意為「自由的土地」，國家首都也根據門羅總統的名字取名為「蒙羅維」，還按照美國

個人種都跟中國人豐像的，我覺得他們的祖先很可能就是中國人。拉普人和馴鹿住在一起，馴鹿是他們生活不可或缺的夥伴，他們把馴鹿當作馬匹拉雪橇，擠馴鹿的奶喝，吃馴鹿的肉，還用馴鹿的皮毛製作衣服和帳篷。

挪威人和瑞典人的長相，就是典型金髮碧眼的西方人樣貌，不過我總覺得，在他們之中，有些人比我們更聰明，也接受過更好的教育。我認識的人中，有個瑞典人能說十二種語言；另一個瑞典人發明了一種方法，能不經過脫脂，就把奶油從牛奶中分離出來；還有兩個瑞典男孩發明了一種機器，能用「加熱法」製作冰塊。

瑞典和挪威曾經是同一個國家，由一位國王統治，後來成為兩個獨立國家，有各自的國王和首都。

你爺爺小的時候，他所用的地球儀上，標註的挪威首都叫克里斯蒂安尼亞，後來這個都市改名為奧斯陸，而瑞典的首都叫斯德哥爾摩。

斯德哥爾摩有很多運河，因此常被稱作「北方的威尼斯」。

奧斯陸和斯德哥爾摩，都在海上，不過兩地都沒有受到溫暖墨西哥灣流的影響，冬天時，海港的海水全部都會結冰，船隻無法通行。另外，斯德哥爾摩有很多運河，因此常被稱作「北方的威尼斯」。

很多挪威語和英語很像，但是，並不是挪威語抄襲英語，而是英語抄襲了挪威語。很久很久以前，有些挪威水手定居在英國，幾千年後的現在，我們仍然沿用當時挪威人用的詞語，只是有一點點改變而已。

從前，斯堪地那維亞人是非常兇殘的鬥士，喜歡用敵人的頭骨當酒杯，大口大口地喝蜂蜜烈酒。他們信奉很多神話中的神，如雷電之神「索爾」和戰爭之神「提爾」，還根據不同的神祇，創造出星期二、星期三、星期四和星期五這四個挪威語，現在，這四個詞的英文，和那時的挪威語就很接近。

下冊精彩內容